Victoria en JESÚS

CÓMO ACEPTAR SU MUERTE Y RECIBIR SU VIDA TRIUNFANTE

Bill Liversidge

Creative Media Ministries

PALM SPRINGS, CALIFORNIA

Traducido del Inglés segunda edición por Claudia Blath
Corrección de pruebas por Slavia Caric
Composición de página por Ken McFarland
Diseño de tapa por Ed Guthero
Ilustración de tapa por Robert Grace

A menos que se indique lo contrario, las referencias bíblicas
serán citadas de la Reina-Valera 1960, © 1960 por la Sociedad
Bíblica Americana.

Texto Bíblico de la Nueva Versión Internacional (NVI) es © 1999
por la Sociedad Bíblica Internacional.

Referencias citadas como CC son tomadas de la traducción
inglesa del Catecismo de la Iglesia Católica para los Estados
Unidos de Norte América © 1994, United States Catholic Con-
ference, Inc.— Librería Editrice Vaticana.

ISBN-13: 978-0-9793409-4-9
ISBN-10: 0-9793409-4-2

Lo que otros están diciendo...

Algunas de las reacciones que hemos recibido acerca de *Victoria en Jesús* en Inglés:

He recomendado este nuevo libro acerca de la vida cristiana práctica, escrito por el pastor y evangelista Bill Liversidge. *Victoria en Jesús: Cómo aceptar su muerte y recibir su vida triunfante* aborda la Justificación por la Fe, pero el objetivo de Bill no es disecar teológicamente la doctrina, sino aplicarla al cristiano "promedio" que anhela una relación más personal con Cristo. Bill tiene el don de hacer sencillo lo complicado. Al leer y editar su libro en forma de manuscrito, descubrí que abrió para mí nuevas ventanas, a través de las que pude ver la verdad más claramente que antes. Este libro habla directamente a los que están hambrientos de ayuda en los fundamentos de la vida cristiana: un manual acerca de cómo construir una relación con Jesús.

—Ken McFarland, editor de libros y ex Vice Presidente Editorial de la Pacific Press

Me gustaría animar a las personas de todas las confesiones, y a las que no creen, a leer este libro, una excelente interpretación de la Justificación por la Fe. Considero que *Victoria en Jesús*, como *What's So Amazing About Grace?* de Philip Yancey, es uno de esos libros clave que rescata a Cristo de los filtros de los teólogos y se lo entrega sin diluir a las personas. Me gustaría desafiar a todos a leer *Victoria en Jesús* y encontrarse con una visión más clara del poder de la gracia y la bendita seguridad de que la mayor ocupación de Jesucristo es salvar hasta lo sumo a todo el que lo desee. Recomiendo que lea este tesoro. Encontrará que presenta mucho ánimo justo cuando más lo necesita. Este libro también contiene grandes ideas de sermones para los pastores. Como lo dice el salmista: "Probad y ved".

—Bruce W. Koch, Director Ministerial, Conferencia de Washington

A un miembro de mi iglesia, recientemente se le diagnosticó un cáncer muy agresivo. Durante un breve respiro en su hogar, su esposa le leyó el libro *Victoria en Jesús: Cómo aceptar su muerte y recibir su vida triunfante*, del pastor Bill Liversidge. Por primera vez, este hombre fue capaz de regocijarse en las buenas nuevas, encontrando paz y seguridad en la salvación de su Señor y Salvador, Jesucristo. Su familia ahora también tiene paz, al saber que su esposo, su padre y su abuelo finalmente creyó antes de morir.

—Tennessee

Necesito darle al pastor Bill Liversidge un cálido y sincero agradecimiento por su maravilloso libro *Victoria en Jesús: Cómo aceptar su muerte y recibir su vida triunfante*. Es justo el colirio que uno necesita para vivir en los tiempos de la tibia Laodicea. Al haberme criado en una familia legalista, he luchado la batalla de la fe vs. las obras muchas veces y durante muchos años en mi mente. Pero nunca se me había presentado tan claramente…

cómo obtener la victoria en Cristo con tal sencillez. Este libro ha cambiado mi vida y he encontrado libertad de la condenación del legalismo en sus páginas... Es necesario que todos nuestros fatigados hermanos y hermanas que están "luchando la buena batalla de la fe" lean este libro. ¡[Todos] necesitamos urgentemente este mensaje!

—Georgia

Después de leer *Victoria en Jesús*, especialmente el capítulo 20, la visión de mi vida cristiana cambió completamente. Hace tres años estaba pasando por momentos tortuosos en mi vida... Satanás me aterrorizaba... Estaba completamente atrapado en mi mente y sentía que estaba condenado... Le pedía [a Dios] cosas como: "Señor, ayúdame a luchar contra esto, ayúdame a derrotar a Satanás". Aunque me deshice del medicamento que generaba estos... terrores... en lo profundo de mi mente siempre temía que Satanás simplemente hiciera un chasquido con sus dedos y me encontrara en la misma agonía y tortura mental por la que había pasado ese verano. Cuando finalmente leí el capítulo 20, simplemente me quebré, clamé y alabé a Dios. Por primera vez, me di cuenta de que Jesús ya había derrotado a Satanás por mí, y que no necesitaba luchar. "El enemigo solo los está engañando para que piensen que es una lucha entre ustedes y él, porque sabe que la lucha verdadera fue entre Cristo y él; y perdió esa lucha. Nunca quisiera que ustedes lo descubrieran, para que continúen pensando que ahora, de alguna manera, tienen que enfrentarlo y desafiarlo. Y no tienen que hacerlo. Simplemente tienen que comenzar a creer". Todo el temor y la agonía en lo profundo de mi mente habían desaparecido. ¡Alabo a Dios por usar al señor Liversidge para escribir un libro como este, que cambia la vida!

—California

Al leer el libro de Bill, estamos apreciando las buenas nuevas aquí en NZ. Alabo a Dios por los dones maravillosos que son nuestros en Jesús, y lo alabo por la clara visión de las buenas nuevas que nos ha dado por medio del ministerio de Bill. ¡Qué maravilloso privilegio tenemos de recibir diariamente a Jesús! Estoy disfrutando del proceso progresivo [de victoria] tan claramente trazado.

—New Zealand

Queremos agradecerle, pastor Bill, por su regalo generoso de un kit de libros de *Victoria en Jesús* a nuestro ministerio, Bible Facts, una escuela por correspondencia. Les entregamos *Victoria en Jesús* a nuestros graduados. Es un gran final, que cierra y concluye nuestros estudios con los alumnos, que nos han informado que están profundamente motivados y se han acercado más a Jesús. No quieren saber nada de terminar los estudios, y siguen pidiendo más. Impulsado por el Espíritu, desarrollé un conjunto de estudios para acompañar *Victoria en Jesús*. Los estudiantes aprecian responder las preguntas, porque les ayuda a recordar lo que han leído. Pero creo que he recibido la mayor bendición al preparar estos estudios, uno de los más apasionantes que he realizado. *Victoria en Jesús* se volvió tan vívido al releer y escribir las preguntas. Ni siquiera quería ir a dormir por la noche, ¡o eventualmente hacer las tareas de la casa o preparar la cena! Estaba inmerso en el libro. Aprendí tanto al desarrollar mis propios estudios, que ahora lo entiendo. Nunca seré el mismo ni volveré a mis antiguos pensamientos alguna vez. Soy libre para permitirle a Jesús que irradie su luz a través de mí. Nunca antes me he sentido más libre o más seguro de mi salvación. He dejado de luchar para ser yo mismo. Ahora, solo dejaré que Jesús obre en mí y me cambie. Ahora es tan fácil ser yo; morir al yo y dejar que Cristo viva en mí, ¡guau! Dejar que el Espíritu de Dios lo haga todo: crear nuevos caminos y nuevos hábitos de pensamiento, hasta que un día todo mi ser será transformado verdaderamente a la imagen de Cristo. Su mente será la mía; sus pensamientos llegarán a ser mis pensamientos. Ahora, soy verdaderamente libre. Gracias, Bill. Tengo mucho más para darle a mis estudiantes.

—South Carolina

Y algunas de las reacciones acerca de los CDs de *Victoria en Jesús* (en Inglés):

Estos [los CDs de *Victoria en Jesús*] pueden ser una herramienta muy útil para los creyentes que están luchando por entender varios asuntos acerca de la salvación, y de cómo obra la gracia transformadora en la vida de sus seguidores.

—Monte Sahlin, en una columna en la *Adventist Review*, April 19, 2007, p. 30.

Hemos estado escuchando los CDs de *Victoria en Jesús* del pastor Bill Liversidge. Ha cambiado la manera en que oramos, al igual que la forma en que abordamos la vida cristiana. Alabado sea Dios.

—Tennessee

... un rápido agradecimiento... por poner a nuestra disposición la serie [de CDs] *Victoria en Jesús*. Mi esposo es pastor en... Pennsylvania... Ha sido una gran bendición para nuestra vida. He comprendido el mensaje de la justificación y la santificación antes, pero nunca ha tenido tanto sentido como ahora. ¡Jesús es verdaderamente maravilloso!

—Pennsylvania

No se puede imaginar cómo me han ayudado los CDs de *Victoria en Jesús* a tener una visión de Jesús. He sido uno de los que ha pedido perdón por el mismo pecado una y otra y otra vez. Estoy buscando paz para mi vida. El pastor Bill es uno de los pastores más influyentes que ha hecho que amar a Jesús y creer en él sea tan sencillo. Acabo de escuchar la serie de *Victoria en Jesús* dos veces mientras conducía hasta Michigan. Necesito escucharlos aun más, porque la información es tan invaluable para alguien que a menudo se ha sentido desanimado y ha llegado incluso a preguntarse si iría al cielo. El pastor Bill me ha ayudado a sentir que soy muy especial para Jesús y que todo lo que necesito hacer es ir diariamente a la cruz y agradecer a Jesús por lo que ha hecho por mí al cargar con mis pecados, declarándose culpable en mi favor, y por lo tanto convirtiéndome en inocente y justo ante los ojos de Dios. ¡Qué regalo maravilloso! La duda de la seguridad de mi salvación ha desaparecido.

—Florida

…un amigo mío de la iglesia caminó hasta mí… y me entregó un conjunto de CDs llamados *Victoria en Jesús*. Nada espectacular, pensé; seguramente he oído esto antes. Alabo a Jesús cada día por el don que Jesús dio en la cruz, y por enviar su Espíritu para habitar en mí y santificarme y enseñarme. Desde entonces, le he estando contando acerca de esto a los demás. Después de escuchar el set al menos 30 veces, estoy más enamorado de Dios que nunca antes. Y esto se exterioriza: en mis deseos cambiados, el amor por hablar de él, e incluso en las fieras pruebas que Satanás está lanzando sobre nosotros. Estoy aprendiendo a CONFIAR en el Padre más y más… Gracias, pastor Liversidge, por cargar la antorcha que está iluminando el Camino para tantas personas.

—Maryland

Soy un joven de 27 años. Asistí a un seminario que dictó hace unos pocos meses en Hickory, NC... Escucho sus CDs cada semana; me ayuda muchísimo a sacar el yo del centro de mi vida. Sé la espantosa persona que soy, pero estoy concentrándome en la maravillosa persona que es Dios. No merezco esta belleza Gracias, amigo.

—North Carolina

Contenido

Prólogo

¿Está luchando contra la tentación y el pecado? ¿Existen cosas en su vida a las que parece que Cristo no ha sido capaz de vencer? ¿Se está preguntando si la victoria alguna vez sucederá? ¿Se está desanimando y comenzando a pensar que usted es una causa perdida? Su fe, ¿está de capa caída? ¡Quizá hasta haya llegado al punto en que ha comenzado a creer que también podría disfrutar del pecado si la victoria es improbable o imposible!

O quizá solo siente que no está alcanzando la norma elevada del carácter de Dios. El "fruto del Espíritu" –amor, gozo, paz, paciencia, benignidad, bondad, fe, mansedumbre, templanza (Gálatas 5:22, 23)– no está siendo revelado consistentemente en su vida.

Por favor, sepa que no está solo. Muchos cristianos, incluyéndome, han tenido la misma experiencia. Todos seguimos teniendo una necesidad de vivir por fe en el Cristo victorioso y su amor por nosotros –caminar con el conocimiento cierto en nuestro corazón y nuestra mente de que nos ama con un amor incondicional– ¡en que es capaz, está dispuesto y es fiel para vencer todos los pecados y los defectos de carácter de nuestra vida al vivir en nosotros a través del Espíritu Santo!

Lo que está por leer es el resultado de los seminarios *Victoria en*

Jesús dictados por el Pr. Bill Liversidge en varios lugares alrededor del mundo. He tenido el privilegio de asistir a un buen número de estos seminarios y he sido bendecida inmensamente cada vez por las Buenas Nuevas presentadas tan claramente. Esta segunda edición de *Victoria en Jesús* incluye mucho material nuevo que no estaba en la primera edición, ampliando su atractivo para los miembros de la Iglesia Adventista del Séptimo Día.

Victoria en Jesús está basado en el libro de Romanos, capítulos 5 al 8. En este libro, el Pr. Bill Liversidge, orador/director de Creative Growth Ministries, lo conducirá a un claro entendimiento de las Buenas Nuevas. La muerte de Jesús es el fundamento principal para comprender y recibir todo lo que Dios desea para usted. Conocerá la verdad de la salvación, la victoria y la justificación a través de la muerte y la vida de Cristo habitando en nosotros, que es la solución al problema del pecado. En estas páginas no solo adquirirá un conocimiento teológico de la victoria cristiana sino también pasos prácticos para poner en práctica que promoverán cambios poderosos en su vida. Ya no se encontrará en la necesidad de pedir perdón por los mismos antiguos pecados una y otra vez. El Pr. Bill presenta verdaderamente muy Buenas Nuevas.

Oro para que esta guía práctica para la victoria lo fortalezca, para que sea reanimado en su caminar con Cristo, para que una vez más sea restaurado a la fe que cree que, con Cristo, todas las cosas son posibles, y para que experimente verdadera y perdurable libertad a través de una relación con él cada vez más profunda.

"Porque no me avergüenzo del evangelio, porque es poder de Dios para salvación a todo aquel que cree; al judío primeramente, y también al griego. Porque en el evangelio la justicia de Dios se revela por fe y para fe, como está escrito: *Mas el justo por la fe vivirá*" (Romanos 1:16, 17, énfasis añadido).

—Ann Anderson

Reconocimientos

Le debo un agradecimiento especial a...

...los muchos participantes de los seminarios, cuya paciente y diligente investigación en la Palabra me capacitó para clarificar los temas que resuenan en Victoria en Jesús.

...Ken McFarland, un editor excepcionalmente dotado, que tomó las transcripciones y las convirtió en un dinámico libro.

...Ann Anderson, cuyos incansables esfuerzos y magníficas comprensiones teológicas me permitieron mantener las Buenas Nuevas particularmente claras y llevar a cabo este proyecto.

...Emma Cameron, cuyas ideas persistentes y agudas me han hecho repensar y expresar con incluso mayor claridad algunos de los temas más básicos desarrollados en este libro.

...Slavia Caric, que activamente me animó a terminar la traducción al español, utilizando sus habilidades bilingües en la corrección y revisión final de este manuscrito para prepararlo para el diseño de página e impresión.

Y alabanzas especiales a Dios por su generosidad al confiar temas tan sublimes a alguien que es totalmente inmerecedor.

Dedicación

A Dorothy Liversidge, mi madre,
cuya fe me impulsó en el ministerio.

Bill Liversidge

MAESTRO INDUCTIVO DE LA PALABRA

Bill Liversidge es nativo de Melbourne, Australia. Su fructífero ministerio de cuarenta años incluyó diez años como misionero en Nueva Guinea, pastor de iglesia, maestro de enseñanza secundaria, al igual que diferentes posiciones prominentes de liderazgo en departamentos de la iglesia. En los últimos años, el Pr. Liversidge ha viajado alrededor del mundo dictando una serie de seminarios Bíblicos Inductivos avanzados.

Asistió al Avondale College en Australia, el Seminario Teológico Andrews en Berrien Springs Michigan y al Seminario Teológico Fuller en Pasadena, California.

El Pr. Liversidge ha perfeccionado un estilo de enseñanza basado en el Método Inductivo. La aproximación inductiva ha conducido a miles de personas a alcanzar revelaciones, convicciones y crecimiento espirituales tremendos, dado que puede superar nociones preconcebidas y perspectivas limitadas. El poder real está en la Palabra, bajo la doble conducción provista por el Espíritu Santo y el Cuerpo de Cristo.

Los estudiantes de Bill son sumamente motivados a medida que descubren por sí mismos las grandes verdades de las Escrituras por medio de la participación grupal y el continuo estudio personal. Se han hecho profundos descubrimientos en la Palabra de Dios, y especialmente el libro de Apocalipsis ha comenzado a revelar sus secretos a través del proceso de descubrimiento en grupo. Muchos han experimentado encuentros con Dios que transforman vidas a través de seminarios dinámicos abiertos a las personas de todas las denominaciones y creencias.

El compromiso de Bill con el "sacerdocio de todos los creyentes" y con el plan bíblico para el crecimiento de iglesia no ha disminuido. Como presidente por los últimos veinte años de Creative Growth Ministries –un ministerio de apoyo a la Iglesia Adventista del Séptimo Día–, el Pr. Liversidge está dedicado a equipar a los creyentes con los principios bíblicos que se necesitan para desarrollar sus dones espirituales y participar del ministerio eficaz, manifestando a Cristo y su carácter a través de su Cuerpo viviente: la iglesia. De esta manera, todos los miembros son llevados al máximo potencial que Dios desea que desarrollen dentro del Cuerpo en su totalidad.

Gracia... la verdadera y la falsa

Antes de leer este capítulo, quiero animarlo a leer primero el capítulo 5 de Romanos en su Biblia. Vaya y hágalo ahora, ¡este libro estará aquí cuando lo haya hecho!

...Muy bien, ahora consideremos un poco el trasfondo de la historia, porque creo que deberíamos ser inteligentes con respecto a los orígenes del movimiento protestante. La cuestión de que a veces exista confusión entre los protestantes –especialmente sobre temas tan cruciales como la salvación– es indudablemente un reflejo del hecho de que tienen un conocimiento insuficiente en cuanto a cómo y dónde comenzó el movimiento protestante.

Por supuesto, para rastrear estos comienzos, necesitamos regresar a la Reforma. Por cierto, los protestantes de todas las denominaciones siempre han estado orgullosos de poder decir que están parados sobre los hombros de los reformadores.

El siglo XVI –cuando comenzó la Reforma– fue precedido por un período de más de mil años durante los que el catolicismo romano dominó el mundo religioso, e incluso gran parte del mundo político. De acuerdo con la profecía bíblica, esta larga era de la Edad Oscura duró 1.260 años (ver Daniel 7:25 y Apocalipsis 12:6). Durante estos siglos, el catolicismo se involucró con fuerza en la política e intentó controlar la vida de las personas; aun su relación personal con Dios.

A lo largo de esta Edad Oscura, la iglesia prohibió el acceso de las personas comunes a la Biblia. El sacerdote se convirtió en una influencia controladora en la vida de las personas. Tenían que confiar en el sacerdote para que les dijera cómo es Dios, cómo relacionarse con él y cómo eran considerados por él.

La iglesia incluso hizo sus mejores esfuerzos para controlar el dinero de las personas. Requirieron el pago de honorarios llamados indulgencias para comprar el favor de Dios luego de su muerte; básicamente, un pago por anticipado de la "paga" (el castigo) del pecado. "Porque la paga del pecado es muerte, mas la dádiva de Dios es vida eterna en Cristo Jesús Señor nuestro" (Romanos 6:23). Martín Lutero se sintió especialmente ofendido por este concepto de las indulgencias.

Pienso que fue algo milagroso el que Dios haya usado a un monje católico para propulsar la Reforma; esto me convence mucho más de que Dios no hace acepción de personas. No importa cuál sea su denominación; o la convicción religiosa que tenga. Si abre su corazón a Dios, será atraído hacia él, y él abrirá su mente a una comprensión de la verdad acerca de él mismo.

Dios tiene hijos valiosos en cada iglesia. Así que no debería sorprendernos que, en el período más oscuro de la historia de este mundo, Dios haya tenido hijos—incluso sacerdotes—cuyo corazón estaba realmente abierto a escuchar la verdad de Dios, a pesar del hecho de que formaban parte de un sistema que estaba llevando a la perdición a las personas. ¡Creo que esto es milagroso! ¡Esto muestra cuán misericordioso es Dios!

Soy un gran admirador de Martín Lutero. Sé que era un hombre algo tosco, e incluso algunos podrían decir vulgar; pero me agrada su fortaleza de carácter. Me gusta que, cuando llegó a un descubrimiento bíblico, tuvo suficiente valor como para defenderlo, aun cuando todos los vientos soplaran contra él. Cuando, finalmente, Martín Lutero compareció ante la Dieta de Worms (1521), todos los obispos del catolicismo estaban allí, y todos los reyes y emperadores de Europa. No obstante, tenemos a este humilde monje casado, que dijo firmemente y sin temor a todos: "No puedo y no me retracto de nada; porque está escrito: 'El justo por la fe vivirá' " (ver Romanos 1:17).

La Edad Oscura; mil años, y un poco más.

¿Por qué la edad "oscura"?

No había luz. Nada de luz.

¿No había luz acerca de qué? Especialmente, ¿acerca de qué enseñanza?

El carácter de Dios.

¿Y qué aspecto particular del carácter de Dios?

La gracia.

Dios siempre ha sido misericordioso con la raza humana. Y el catolicismo, por siglos, erigió un muro de oscuridad entre la gracia de Dios y las personas que había creado. Mientras más reinaba la iglesia, las tinieblas se hacían más densas. La iglesia distorsionó la definición de la gracia: debía ser comprada; debía ser ganada.

Se les enseñó a las personas que, si pagan suficiente dinero, Dios tendría una disposición mejor hacia ellos y reduciría los miles de años que tendrían que pasar en el purgatorio. Unos pocos ricos afortunados podían comprar su derecho a escapar del purgatorio e ir inmediatamente, en su muerte, a un lugar más elevado.

El Catecismo de la Iglesia Católica, aun hoy, defiende el uso de indulgencias: "Mediante las indulgencias, los fieles pueden alcanzar para sí mismos y también para las almas del Purgatorio la remisión de las penas temporales, consecuencia de los pecados" (*CC*, párrafo 1498).

Sin embargo, hoy se puede encontrar personas cristianas sinceras de todas las denominaciones, incluso católicos, en grupos pequeños de estudio de la Biblia en los que redescubren lo que

Martín Lutero descubrió hace quinientos años: las evidencias bíblicas de cuán misericordioso es Dios.

LOS SACRAMENTOS

La Iglesia Católica es conocida por sus siete sacramentos: Bautismo, Confirmación, Eucaristía (la Misa), Penitencia (también llamada Confesión), el Ungimiento de los enfermos, Orden sacerdotal y el Matrimonio (*CC*, párrafo 1113).

Los sacramentos fueron diseñados por la iglesia para hacer descender la gracia sobre ellos. La Iglesia Católica les enseña que son "signos eficaces de la gracia [...] por los cuales nos es dispensada la vida divina" (*CC*, párrafos 1131 y 1127). Por ejemplo, si se toma parte de la Confesión al reconocer los pecados, se es capaz de recibir mucho perdón.

Pero, ¿qué es lo que debería ocupar realmente el lugar de los sacramentos? Es realmente la única fuente de la gracia; ¡y esta Fuente es Jesús! Existe un solo Mediador entre Dios y los hombres: "Porque hay un solo Dios, y un solo mediador entre Dios y los hombres, Jesucristo hombre" (1 Timoteo 2:5). "Porque no hay otro nombre bajo el cielo, dado a los hombres, en que podamos ser salvos"; excepto Jesucristo (Hechos 4:12).

Como ve, los cristianos que pertenecen a la tradición protestante creen que Jesucristo abrió la puerta de la gracia de Dios para que sea derramada gratuitamente sobre las personas. Pero el régimen católico −y es importante captar esto− siempre ha sido un sistema en el que las personas *HACEN* cosas que ellos creen que predisponen mejor a Dios con respecto a sí mismos. Este fue −y sigue siendo− un sistema basado en las obras humanas.

Las oportunidades de recibir luz, para los que nacieron en un sistema legalista de salvación por obras, son limitadas, porque los sistemas tienden a perpetuarse. Algunos protestantes tienen sus propias luchas en esta área; asumámoslo. No me importa decir que, si alguien predica la gracia gratuita hoy, en ciertos lugares puede ser apedreado. No estoy bromeando; incluso en iglesias supuestamente cristianas.

Alguien que se siente allí a escuchar las buenas nuevas de la gracia gratuita puede decir: "¡Oh, gracias, Dios! ¡Siento esperanza por primera vez! Por primera vez en mi vida realmente siento esperanzas de llegar a ser salvo. Acabo de entender cuán misericordioso es Dios".

No obstante, al mismo tiempo en que alguien cae de rodillas para alabar a Dios, otros están agarrando piedras. Considere, por ejemplo, la mujer que me gritó mientras salía de una iglesia un sábado de mañana:

—¡Se olvidó de la parte más importante!

—Pasé más de una hora mostrándole el significado de la muerte y resurrección de Jesús —le respondí.

—Pero —ella protestó—, se olvidó de *mi* papel en todo esto.

—Bien —respondí—, lamento decirle esto, hermana, pero debería postrarse sobre sus rodillas y arrepentirse inmediatamente, si piensa que es capaz de hacer algo para obtener el favor y la justicia de Dios.

Asumámoslo: los cristianos no siempre hemos tenido éxito en ayudar a las personas a ver la gracia de Dios. De tanto en tanto, presenciamos un avance importante, cuando las personas se dan cuenta de que son liberadas y que están libres en Jesús. No obstante, otros comienzan a llamarlos liberales, sencillamente porque ahora se dan cuenta de que la gracia de Dios nunca se puede ganar; les es dada gratuitamente a todos. El descubrimiento de la gracia gratuita no debería colocar automáticamente al creyente en el campo liberal, como si, de alguna manera, ahora estuviesen en peligro de salir corriendo para transgredir todas las reglas.

LOS FIELES VALDENSES

Las desavenencias con respecto a la gracia se convirtieron en una lucha de vida o muerte para la iglesia cristiana primitiva; y la luz de la verdad casi se extinguió. Los grupos pequeños de personas que comprendieron que la gracia es un don gratuito, como los valdenses, se escondieron en cuevas para escapar de la persecución por su implacable creencia en el don gratuito de Dios. Sin embargo, incluso estos fieles hicieron concesiones. Fueron burlados.

Los valles de las altas montañas donde los valdenses se retiraron estaban localizados en el norte de Italia y el sur de Francia. Los estrechos desfiladeros de entrada a los valles hacían que fuesen fáciles de defender.

Pero un emisario del papa les envió un mensaje de que, si permitían ingresar a un representante del papa, se les daría a los valdenses libertad religiosa. Bien, esto nunca sucedió. Permitieron la entrada del emisario, pero perdieron su libertad en el proceso. Es una historia muy triste.

¡La luz de la verdad casi se extinguió en Europa! Y de no haber sido por las expediciones de creyentes iluminados que viajaron al Nuevo Mundo, ¡pienso que la luz se habría apagado! Pero Dios no estaba preparado para que la luz se extinguiera. Incluso un puñado de creyentes fue suficiente, y los envió hasta el Nuevo Mundo para que la luz de la verdad nunca se extinguiera y pudiera ser comprendida nuevamente en estos últimos días.

Sin duda, ¡la Reforma fue el evento más significativo de la historia del cristianismo después de la vida, la muerte y la resurrección de Jesús!

Jesús vino a traer luz a un mundo que por unos 4.000 años había estado sumido en la oscuridad pagana. Sin embargo, antes de mucho, se les enseñó nuevamente a las personas que debían hacer todo lo posible para aplacar a Dios; para predisponerlo en su favor. ¡Qué terrible falsificación de la verdad! ¡Qué perversión de la verdad de la gracia gratuita de Dios!

Repaso del capítulo

1. ¿De qué maneras la Iglesia Católica establecida intentó controlar la vida espiritual de las personas durante la Edad Oscura?

2. ¿A qué clase de persona capacitó Dios para apartarse a sí misma y utilizar para llevar a cabo sus propósitos?

3. ¿Quién emprendió la Reforma Protestante?

4. ¿Qué luz fue escondida durante los largos años de la Edad Oscura?

5. ¿Cuál es la perversión de la verdad de la gratuita gracia de Dios?

6. ¿Cuál es la única fuente de gracia?

7. ¿Cuál es el único evento más significativo de la historia del cristianismo desde el nacimiento, la muerte y la resurrección de Jesús?

Pregunta para meditar

Examina tu propia vida. ¿Estás haciendo algo en un intento de apaciguar a Dios; de obtener su favor y su justicia? ¿Estás recibiendo verdaderamente su gracia como un don gratuito?

Dos posiciones acerca de la salvación

¿Cuál es el sacramento más grande –el más importante– de la iglesia medieval?

¿Cómo lo llaman? La *misa* (Eucaristía). Sí, la misa es el sacramento número uno. ¿Y quién es el actor principal en la misa? El sacerdote; que tiene la autoridad para ordenar que el Hijo descienda y entre en la hostia. ¡Qué elevada posición para un sacerdote! ¡Increíble!

Pero cuando se acercaba la Reforma, llegó el momento en el que Dios dijo: "¡Suficiente!"

¿Y qué es lo que hizo posible que Dios finalmente dijera "¡Suficiente!"? ¿Qué acontecimiento permitió que dijera: "Voy a dejar que la luz comience a brillar"?

La invención de la imprenta fue definitivamente un gran factor. Pero el mayor factor fue que, finalmente, ¡Dios había encontrado un hombre! Verá, me he preguntado por años si Dios, en verdad, no tuvo –no pudo encontrar– a un hombre durante todos esos cientos de años. Es un pensamiento terrorífico, ¿no es así? ¿No había un Josué; algún Elías; ningún Pablo? Quizá tuvo que esperar. Pero, qué hombre finalmente tuvo en sus manos: rudo, tosco; ¡pero un hombre que se tomaba en serio a Dios y su Palabra y estaba preparado para actuar en consecuencia!

Verá, cuando Martín Lutero se retiró de aquella asamblea en la Dieta de Worms —se ha dicho que nunca hubo sobre esta tierra una asamblea más fastuosa de reyes, sacerdotes, cardenales y obispos— cuando dio media vuelta y salió, pienso que es uno de los más grandes momentos de la historia.

Lutero se marchó, indemne; y, como ya sabe, fue secuestrado por Federico el Sabio, el Elector de Sajonia, y escondido en un castillo, donde pasaba el tiempo traduciendo el Nuevo Testamento al alemán. ¡Uau!

No creo que el sistema religioso establecido se haya imaginado siquiera lo que sucedería una vez que la Biblia fuese impresa en los idiomas de la gente común.

Creemos que Lutero fue el mayor factor, pero la Palabra impresa fue el factor número uno. Realmente se necesitaban tanto la Palabra como un hombre que la desencadenara para la gente común.

El gran tema de la Reforma —como lo señalamos en el capítulo anterior— está centrado en la gracia. La Iglesia Establecida (catolicismo) sostenía que la gracia podía ser ganada, o incluso comprada. Mantenía que se necesitaba un paso intermedio entre Dios y el hombre para recibirla.

Aparecieron dos ideologías —o teorías— de la salvación durante la Reforma. Por un lado estaban las enseñanzas del reformador Juan Calvino. Fue un gran hombre de Dios. Y si bien quizá no estemos de acuerdo (yo no lo estoy) con todo lo que enseñó —la visión de la verdad llamada calvinismo— escribió algunas cosas conmovedoras. La exposición de Calvino acerca del significado del bautismo es uno de las más profundas que he leído. Llegó a captar con maestría que el bautismo lleva a los creyentes a una total membresía en el Cuerpo espiritual de Cristo, al mismo tiempo que les otorga la seguridad de su herencia en las promesas del pacto.

Por otro lado, tenemos lo que se ha dado en llamar el arminianismo. El calvinismo y el arminianismo establecieron dos escuelas de pensamiento opuestas.

Los Adventistas del Séptimo Día tradicionalmente se han considerado dentro del arminianismo, no del calvinismo. Y le explicaré lo que esto significa en un momento.

Así que, ¿de qué manera estas dos escuelas de pensamiento eran distintas?

El calvinismo dice que Dios solo hizo provisión para la salvación en la cruz; que no salvó a nadie en la cruz, sino que solo hizo *provisión* para la salvación. El calvinismo va más allá y dice que la provisión de Dios para la salvación no fue para todos; sino solo para "los elegidos".

Una de las más grandes teorías asociadas al calvinismo es la teoría de la predestinación: la idea de que Dios escogió solo a ciertas personas para que sean salvas. Eso es lo que pensamos del calvinismo: Dios planeó redimir solo a ciertas personas. Tan sólo podemos imaginarnos cuál es la idea subyacente acerca de Dios. Dios planeó redimir solo a los elegidos. Y ellos fueron los únicos para los que se hizo provisión para la salvación llevada a cabo en la cruz.

Los calvinistas tienen un problema con ciertos textos de las Escrituras. Por ejemplo (énfasis agregado):

▶ Juan 12:32: "Y yo, si fuere levantado de la tierra, a **todos** atraeré a mí mismo".

▶ Juan 3:16: "Porque de tal manera amó Dios al mundo, que ha dado a su Hijo unigénito, para que **todo** aquel que en él cree, no se pierda, mas tenga vida eterna".

▶ 2 Pedro 3:9: "El Señor no retarda su promesa, según algunos la tienen por tardanza, sino que es paciente para con nosotros, no queriendo que ninguno perezca, sino que **todos** procedan al arrepentimiento".

El calvinismo tiene una seria lucha con estos textos. Son conocidos como los textos "universalistas", porque parecen mostrar que lo que Dios realizó en la cruz fue para todos, en contraste con la salvación de una "elite" de personas escogidas. El calvinismo, de paso, es una filosofía muy desilusionante, si uno llega a la conclusión de que no está entre los elegidos. ¡Imagínese si no fuese considerado entre los elegidos!

De modo que esta es una visión –una de las posiciones acerca de la salvación–, y los adventistas como movimiento nunca han estado de este lado, por razones obvias.

¿UNA POSICIÓN MEJOR?

Ahora bien, el otro lado toma una postura mucho más fuerte. Este lado sencillamente dice que Dios no hizo provisión para la salvación en la cruz, sino que verdaderamente redimió a la humanidad en la cruz. Así que no fue una provisión –fue una redención– lo que ocurrió en la cruz.

Pero aun esta posición "mejorada" acerca de la salvación tiene sus limitaciones, al decir que la salvación depende de la capacidad del hombre de arrepentirse y confesar, en lugar del sublime hecho de que Dios , "al que no conoció pecado, por nosotros lo hizo pecado, para que nosotros fuésemos hechos justicia de Dios en él" (2 Corintios 5:21). ¿Está comenzando a notar algo?

Para comenzar, el hecho de que Dios realmente haya redimido a la humanidad en la cruz suena totalmente maravilloso. Pagó el precio; y en verdad no tenemos ningún problema con esto.

Pero entonces, esta posición "mejorada" sigue diciendo –y lo dice enfáticamente– que la salvación depende absolutamente de la capacidad del hombre de arrepentirse y confesarse. Así que, ¿qué está percibiendo? ¿Qué está escuchando?

Lo que realmente estamos escuchando aquí es al catolicismo presentado en vestimentas protestantes. Lo que estamos escuchando es una sutil redeclaración de la teología: "Si puedes hacer esto… o lo otro… merecerás la gracia de Dios, su salvación. Pero solo mientras hagas esto… o lo otro…" Es *mi* arrepentimiento. *Mi* confesión. *Mis* buenas obras.

Y aquí, el movimiento adventista disiente con el arminianismo. Puede ver por qué estaban más de parte del arminianismo en el desacuerdo acerca de la salvación, porque les encantaba todo lo que se estaba diciendo acerca de la redención en la cruz. Pero disentían con lo que se agregaba a ese pensamiento: la idea de que el hombre seguía siendo el factor clave aquí. Todavía tenía algo que *hacer*.

Conozco a muchas personas, de paso, que creen que, a menos que puedan confesar algo, no son perdonadas. Espero que no se pierda estas palabras. Conozco a muchas personas que creen que, a menos que puedan confesar algo –o todo, en verdad–, nunca serán perdonados. Esta es otra forma del error capital arminiano.

La confesión, después de todo, no es algo que haces para poder recibir la gracia de Dios, sino que es una demostración –un "fruto"– que ejemplifica que la gracia de Dios ha llegado a mi vida.

Por ejemplo, estoy más que fascinado por el hecho de que en las Escrituras el arrepentimiento es *dado* a los hijos de Dios. "A éste, Dios ha exaltado con su diestra por Príncipe y Salvador, para dar a Israel arrepentimiento y perdón de pecados" (Hechos 5:31). "¿O menosprecias las riquezas de su benignidad, paciencia y longanimidad, ignorando que su benignidad te guía al arrepentimiento?" (Romanos 2:4).

El arrepentimiento es un don de Dios para sus hijos. La confesión también es una evidencia de que la gracia de Dios ha entrado en mi vida. Ahora estoy abierto a Dios, porque estoy gozando de una relación con él; y no me guardo secretos con alguien con quien quiero tener una relación saludable. Pero es tan fácil convertir el arrepentimiento y la confesión en un medio para recibir la gracia de Dios.

Esta visión de las cosas es demasiado común no solo entre los cristianos, sino también entre los de otras confesiones. Conozco a personas que guardan el sábado, por ejemplo, porque creen que si no lo observan de cierta manera, se perderán. En otras palabras, la manera en que guardan el sábado determina si reciben o no la gracia de Dios. Pero en verdad, la manera en que guardan el sábado ¡es un reflejo de si han recibido o no la gracia de Dios!

Los judíos, quizá usted sepa, tenían más de 600 normas en la Mishná. La razón por la que Dios le dijo finalmente a los judíos: "Les estoy quitando el reino, y se lo estoy dando a un pueblo que no era mi pueblo" (ver Romanos 9:25, 26) y quitó el privilegio a la nación judía de revelar a Dios al mundo porque estaban perpetuando un sistema que decía: "Si observas estas 600 formas de guardar el sábado, tendrás garantizado el favor de Dios".

Pablo describió esta situación en Romanos 9:30-33:

> ¿Qué, pues, diremos? Que los gentiles, que no iban tras la justicia, han alcanzado la justicia, es decir, la justicia que es por fe; mas Israel, que iba tras una ley de justicia, no la alcanzó. ¿Por qué? Porque iban tras ella no por fe, sino como por obras de la ley, pues tropezaron en la piedra de tropiezo, como está escrito: "He aquí pongo en Sion piedra de tropiezo y roca de caída; y el que creyere en él, no será avergonzado".

La gracia y el favor de Dios nos llegan como un don gratuito. Repetirlo es poco. No podemos ganarla. No la merecemos. No podemos trabajar por ella. No llegaremos a ser tan buenos para tenerla. Ya es nuestra; ¿no es un alivio? ¿No son buenas noticias?

Repaso del capítulo

1. ¿Qué realizó Martín Lutero mientras estaba escondido en un castillo en Alemania? ¿Qué causó esto entre el común de las personas?

2. ¿Cuál fue el gran tema de la Reforma?

3. Describa la teoría de la predestinación asociada con el calvinismo.

4. Repase los pasajes bíblicos mencionados en este capítulo que podrían poner en aprietos a los calvinistas.

5. ¿De qué manera el arminianismo fracasó en entender la gracia gratuita de Dios?

6. Describa cómo el arrepentimiento y la confesión están relacionados con el don gratuito de la salvación de Dios.

Pregunta para meditar

¿De qué formas podría demostrar su apreciación del don gratuito de la gracia de Dios?

Para continuar estudiando

¿Puede encontrar otros pasajes de las Escrituras que pondrían en aprietos a los calvinistas?

Utilice una concordancia (como la *Nueva concordancia Strong de la Biblia*; no la abreviada que está en la parte trasera de algunas Biblias) para estudiar el uso de las palabras *arrepentirse* y *confesar* y algunas variantes de estas palabras (por ejemplo, *arrepentimiento, confesión*) en toda la Biblia. Prepárese para compartir lo que aprendió.

CAPÍTULO TRES

La línea entre la fe y las obras

Hay un mundo de diferencia entre guardar el sábado porque está disfrutando de una relación salvadora con Dios y, en cambio, guardarlo porque espera que, al hacerlo, quizá haga que él se sienta mejor hacia usted, y así recibir su sonrisa y no su ceño fruncido.

Puedes hacer mucho simplemente para mostrar que ya has recibido la salvación; en lugar de hacer cosas con el fin de ganar o merecer la salvación. Es una experiencia maravillosa llegar a un punto en que finalmente se cae en la cuenta de que no hay ni una sola cosa que pueda "hacer" para ser salvo.

Es muy fácil cruzar la línea que existe entre la fe y las obras. ¡Incluso conozco a personas que tienen un orgullo farisaico por su comprensión de la Justificación por la Fe! ¡Estoy hablando en serio! Están muy orgullosos por el hecho de que tienen una comprensión mucho mayor de esta gran verdad que cualquier otro, que han cruzado la línea de la fe... para caer en las obras.

Este quizá sea el mayor peligro que enfrentan, no solo los adventistas, sino todos los cristianos de la tradición protestante. El protestantismo se apartó de esto, y fue lo que lo hizo un movimiento tan poderoso y extraordinario.

Fe. Algunas personas piensan que, a causa de la fe, no tienen que hacer nada. Pero mi experiencia me dice que entrar en una vida de fe constante es un desafío muy grande. Continuamente tengo que revisar mis móviles; para asegurarme de que no estoy haciendo algo bueno para poder obtener más de la gracia de Dios, sino que estoy haciendo lo bueno u obedeciendo por mi profunda gratitud por la gracia que ya me ha dado. Ahora, estoy más que dispuesto –estoy ansioso– por hacer cualquier cosa que Dios diga que le agrada.

He estado observando por años a las personas y les he preguntado. "¿Por qué las personas tienen tantos problemas para hacer lo que Dios dice que le agrada?"

He descubierto la respuesta a esta pregunta: si pienso que tengo que hacer buenas cosas que me garanticen que Dios se sentirá bien conmigo, al final voy a odiar a Dios: me hace la vida imposible. He llegado a esta conclusión después de años de observar a personas que intentan encontrar caminos alternativos para lo que Dios dice que le agrada. A veces incluso piden mi apoyo o mi aprobación para hacer esto. Los miro con lástima, ¡porque todavía no han visto cuán misericordioso ha sido Dios en Jesucristo!

Uno siempre puede darse cuenta cuando alguien no ha visto total y plenamente la gracia de Dios, porque se le acercará y le dirá: "Ah, ya sabe, es tan difícil. Estoy luchando con esto, aquello y lo de más allá". ¿Y sabe qué es lo que nunca mencionan? ¡Lo que Dios ha hecho en Cristo!

En cambio, están tan abrumados con las circunstancias, los problemas, los desafíos y las dificultades de la vida, que nunca los oirá hablar acerca de lo que Dios ha hecho en Cristo. Lo que realmente están diciendo es: "No estoy haciendo esto, y Dios no me ve con buenos ojos. Así que voy a largar todo por la borda. ¡A cuántos cientos de personas he escuchado decir esto! Porque piensan que Dios no se siente bien con ellas, ¡ellas no se sienten bien con Dios! ¿A alguno de nosotros realmente le gusta pasar tiempo con personas de las que estamos muy seguros que no nos gustan?

No fui criado como cristiano, como algunos de ustedes lo saben, por lo que no pienso así; y alabo a Dios por ello.

Los cristianos realmente necesitamos tener bien en claro esta relación entre la fe y las obras; ¡la diferencia entre hacer el bien para que Dios nos salve y hacer el bien en gratitud por lo que ya ha realizado! Si estamos confundidos con respecto a esto, corremos el riesgo de caer en la misma conducta de los judíos de los tiempos bíblicos. Y si esto llega a suceder, nos perdemos el privilegio de revelar a Dios ante el mundo. Porque, nuevamente, así es la gracia de Dios, tal como lo señalamos en los capítulos previos:

La gracia de Dios no puede ser ganada.

No podemos hacer nada para merecerla.

No es una recompensa por hacer lo correcto.

No es un pago por obedecer.

No está basada en algo que podamos "hacer".

La gracia está basada en lo que hizo *Jesús*. Es nuestra aun cuando no la merezcamos. Dios no espera a ver si obedecemos y "hacemos lo correcto" antes de darnos el don gratuito de la gracia.

¿No son buenas noticias? ¿No son las mejores noticias que haya escuchado?

Repaso del capítulo

1. ¿Cuál es la delgada línea que divide la fe y las obras?

2. ¿Qué puede hacer para mantener el equilibrio adecuado entre la fe y las obras en su vida?

3. ¿Qué es lo que hace tan difícil hacer lo que a Dios le agrada?

4. ¿Cuál sería la causa que me haría perder el privilegio de revelar a Dios al mundo?

5. ¿Cuáles son las buenas nuevas acerca de la verdad de la gracia de Dios?

Pregunta para meditar

¿Puede recordar una situación en la que cruzó la línea entre la fe y las obras?

CAPÍTULO CUATRO

Medios... ¿o frutos?

Si las personas no encuentran la gracia de Dios en una iglesia que afirma caminar en la luz, ¿entonces qué?

Pueden ir a buscar a otro lado.

Se pueden llegar a desilusionar.

O quizá se den totalmente por vencidas.

Ahora, no creo que los miembros de la Iglesia Adventista tengan que comenzar a rasgarse las vestiduras y comenzar a sentirse culpables porque son conscientes de que algunos dentro de la iglesia, que afirman caminar en la luz, se conducen o enseñan inconsistentemente. A pesar de obstáculos de esta naturaleza, millones han encontrado la gracia de Dios por medio de la iglesia y de sus miembros.

Al mirar la historia de los adventistas como pueblo, sabemos que son un producto del protestantismo. La Iglesia Adventista primero estuvo conformada por luteranos, bautistas, metodistas, católicos y otros; que dejaron sus antiguos hogares espirituales y se unieron con entusiasmo por la profecía del tiempo del fin. Así que los adventistas son verdaderamente el fruto del movimiento protestante.

Pero, desafortunadamente —y esto realmente me pesa—, pareciera que muchos adventistas, algunos inocentemente, algunos inadvertidamente, y otros por ignorancia, son llevados a una forma de pensar que dice que, si no "hacen" tal cosa, o no están a la altura de esto..., lo otro... o lo de más allá... Dios no los mirará con buenos ojos. No estará contento o feliz con ellos.

Tristemente, algunos adventistas, bajo la sombra de esta clase de pensamiento, descubren que una vida santa les es esquiva. ¿Por qué? Porque una vida santa es poseída solo por los que ven y responden a la gracia gratuita de Dios. Se encuentran en un callejón sin salida.

Así que debemos distinguir cuidadosamente entre los "medios" y el "fruto". Hay un mundo de diferencia aquí; todo gira alrededor de estas dos palabras.

¿Estamos haciendo las cosas buenas que realizamos —estamos obedeciendo a Dios— como un *medio* para recibir su gracia? ¿O las estamos haciendo porque la gracia de Dios ya se nos ha concedido gratuitamente por medio de Jesucristo?

Tomemos el arrepentimiento, por ejemplo. No es algo que hago para que Dios se sienta bien conmigo. Me arrepiento porque no quiero guardar secretos con Alguien que me amó tan infinitamente. Quiero ser un libro abierto. Es más, el apóstol Pablo escribió en el libro de Romanos: "¿O menosprecias las riquezas de su benignidad, paciencia y longanimidad, ignorando que su benignidad te guía al arrepentimiento?" (Romanos 2:4).

Medios y *fruto*; son dos mundos aparte. El *fruto* es el producto de otra palabra aun: gratis. Hago lo que hago porque soy salvado *gratuitamente*.

Al estudiar el libro de Romanos, es vital que entendamos este asunto como lo hizo Pablo. Y en verdad Pablo comprendió claramente la diferencia entre los *medios* y el *fruto*. Esto lo distingue de casi cualquier otra persona de los tiempos del Nuevo Testamento. Estaba totalmente concentrado en su foco. ¿Y cuál era este foco? ¿Las cosas que tenía que realizar para ganarse la gracia de Dios? No: "Pues me propuse no saber entre vosotros cosa alguna sino a Jesucristo, y a éste crucificado" (1 Corintios 2:2). Pablo lo veía claramente.

No podemos permitirnos caer en la trampa de una comprensión dualista, en la que, por un lado, Dios hizo algo maravilloso en la cruz, pero la salvación aún gira alrededor de nuestra capacidad humana para hacer esto, aquello… o lo de más allá.

¿Cuál es el resultado de esta clase de pensamiento?

El resultado es trágico: permanecemos esclavos del pecado. Pablo dedica todo un capítulo a ayudarnos a comprender que esto es el resultado de confundir los *medios* con el *fruto*. Seguimos siendo esclavos del pecado, así que precisamente aquello que anhelamos liberarnos nos es negado. Porque la libertad del pecado sencillamente no es posible –no podemos lograrlo– sin la gracia de Dios en nuestro corazón.

Cuando descubrimos que no podemos desprendernos del pecado, bien podemos enojarnos con Dios. Enojados, porque todavía somos prisioneros del pecado. Enojados, porque Dios parece habernos impuesto condiciones imposibles de reunir para poder ser salvos.

No solo podemos llegar a enojarnos, sino también a desanimarnos. Y sea práctico; sea honesto conmigo ahora. ¿Cuán desanimados podemos llegar a estar? En última instancia, podemos desanimarnos tanto, que caemos en la rebelión total. Pero antes de eso, podemos experimentar algo más. Podemos perder seguridad; toda convicción acerca de nuestra salvación.

Esto nos lleva a una experiencia espiritual fluctuante, en la que –al menos como lo experimentamos– alcanzamos y perdemos la gracia, alcanzamos y perdemos la salvación. Cometemos un error, y creemos que hemos perdido la gracia.

LIBRES PARA COMETER UN ERROR

¡Imagínese eso! He cometido un error, así que llego a la conclusión de que Dios ya no se siente bien conmigo. Por lo tanto, ¿cómo puedo recuperar su favor? Debo rectificar mi error. Desafortunadamente, mientras más intento rectificarlo, más me cavo mi propia fosa. Porque a menos que mi corazón haya nacido de nuevo, simplemente no puedo rectificar mis errores; sencillamente no está en mí. El salmista declaró: "He aquí, en maldad he sido formado, y en pecado me concibió mi madre" (Salmo 51:5). He nacido en iniquidad; he sido concebido en pecado. Con esta propensión innata hacia el mal, aun cuando desee hacer lo bueno, encuentro que el mal está presente en mí, tratando de llevarme por otro camino. Incluso el apóstol Pablo agrega: "Porque no hago el bien que quiero, sino el mal que no quiero, eso hago. [...] Así que, queriendo yo hacer el bien, hallo esta ley: que el mal está en mí" (Romanos 7:19, 21).

Así que imagínese que poseer la gracia de Dios dependiera sólo y exclusivamente de mi capacidad de hacer lo correcto. Verá, el día que finalmente caí en la cuenta de que bajo la gracia de Dios, *existe realmente libertad para cometer un error*, ¡quedé pasmado! ¿Eso quiere decir que realmente podría cometer un error y no perder la gracia de Dios?

Fue como si Dios tomara un gran bate de béisbol y me golpeara con esta verdad maravillosa. "Abre tus ojos —me dijo—. Mi gracia nunca ha dependido de tu capacidad de hacer lo correcto. Mi gracia te fue dada mientras todavía eras un pecador". Pablo escribió en Romanos 5:8: "Mas Dios muestra su amor para con nosotros, en que siendo aún pecadores, Cristo murió por nosotros".

A veces, la palabra *uau* tiene su lugar; ¡y este era uno de ellos!

Algunos de ustedes pueden dedicar años de su vida a alcanzar y perder la gracia; alcanzar y perder la salvación. Y cada vez que cometen algún desliz, intentarán encontrar una manera de hacer lo correcto. No obstante, descubrirán que no pueden.

Yo mismo he pasado años en esa experiencia fluctuante. Y cada vez que cometía un error, no sabía cómo podía hacer para volver a recuperar la gracia. Porque no era lo suficientemente bueno; no era lo suficientemente consistente. Era muy desalentador; de hecho, era deprimente.

Casi abandoné el cristianismo por este asunto; lo digo en serio.

Realmente un día le dije a Dios; salí y le grité:

–¡Esto no funciona!

Y él me lo dijo nuevamente:

–¡Abre tus ojos! No te estoy pidiendo *a ti* algo imposible. ¡Se lo estoy pidiendo a *Jesús*!

Dios finalmente me lo hizo entender.

–No te estoy pidiendo que **seas** Jesús –dijo, y yo pensé: *¡Qué alivio!*–. No, solo te estoy pidiendo que **creas** en Jesús.

Si se centra en su propio desempeño, o incluso peor, si lo hace sobre el desempeño de otro, no tendrá esperanzas. Su experiencia será fluctuante, subirá y bajará, alcanzará y perderá la gracia, alcanzará y perderá la salvación, una y otra vez, y comenzará a sentirse desesperanzado.

¡No hay gozo, no hay paz, no hay seguridad, no hay relación con esta clase de experiencia! ¿Cómo puede tener una relación con un Dios que salva si solo hace lo correcto siempre, aun cuando todo en usted lo está empujando hacia el pecado?

¿Sabe? No hemos sido amables con Dios. Y esto les ha quitado a muchas –a demasiadas- personas preciosas toda seguridad de salvación. Esto no solo le ha pasado a los adventistas, por supuesto. Esta es la razón por la que me parece un milagro que un sacerdote católico sobre sus rodillas –al menos lo dice la tradición, que Lutero estaba en las escaleras (*Scala Sancta*) de la Plaza España, allí en Roma (y todavía están allí)–, escuchó una voz en su mente. Y el Espíritu del Señor le dijo: "¡El justo por la fe vivirá!"

Y Lutero regresó a su estudio, tomó la pluma y escribió en el margen de su Biblia, junto a Romanos 1:16, 17, la palabra latina *sola*, que significa "solo".

> Porque no me avergüenzo del evangelio, porque es poder de Dios para salvación a todo aquel que cree; al judío primeramente, y también al griego. Porque en el evangelio la justicia de Dios se revela por fe y para fe, como está escrito: Mas el justo por la fe vivirá. [*¡sola!*]

¿Cuántas personas conozco que han comenzado su peregrinaje por la fe, y sin embargo lo terminaron enredados en la desesperanza de las obras y el esfuerzo humano?

No obstante, algún día, para muchos, finalmente queda en claro: "No soy capaz ni siquiera de forjar un pensamiento puro, una acción generosa, un deseo desinteresado. No tengo la capacidad de generar un gramo de santidad. Mis mejores esfuerzos son comparables a trapos de inmundicia".

Estos son mis *mejores* esfuerzos. ¿Cómo podría siquiera comenzar a creer que hay algo que puede hacer para convencer a Dios de que tiene que mirarme con buenos ojos? No puedo. Y las buenas noticias son que *¡no tengo que hacerlo!* Porque, cuando aún éramos pecadores, Cristo murió por nosotros. Mientras estábamos sin esperanza, mientras éramos sus enemigos, ¡nos amó!

Como declaran las Escrituras:

> Porque Cristo, cuando aún éramos débiles, a su tiempo murió por los impíos. Ciertamente, apenas morirá alguno por un justo; con todo, pudiera ser que alguno osara morir por el bueno. Mas Dios muestra su amor para con nosotros, en que siendo aún pecadores, Cristo murió por nosotros. Pues mucho más, estando ya justificados en su sangre, por él seremos salvos de la ira. Porque si siendo enemigos, fuimos reconciliados con Dios por la muerte de su Hijo, mucho más, estando reconciliados, seremos salvos por su vida (Romanos 5:6-10).

Esto es gracia.

Y una vez que lo vea, nunca volverá a ser el mismo. Nunca se atribuirá algo decente que se manifieste en su vida, porque sabrá que es parte de la gracia de Dios; ¡no de usted! Todo impulso noble, toda obra generosa, todo pensamiento puro; todo parte de Dios en usted, no de usted mismo.

"El justo por la fe vivirá".

Solo por fe.

Repaso del capítulo

1. ¿Por qué encuentras que es difícil experimentar una vida santa?

2. ¿Cómo Pablo evitaba la trampa de hacer cosas como un medio para recibir la gracia de Dios? Ver 1 Corintios 2:2.

3. ¿Cuál es el resultado trágico de confundir medios con fruto?¿Qué consecuencias puede producir?

4. ¿Cómo se siente Dios acerca de los errores que cometes? ¿Cuál es la solución para ti?

5. ¿Qué le sucedió a Lutero al recibir la seguridad de la salvación?

Pregunta para reflexionar

¿De qué manera las buenas nuevas presentadas en este capítulo te impactan en este momento?

CAPÍTULO CINCO

La fuente de nuestra paz

Me enojé tanto con Dios una vez, que le dije que no trabajaría más para él. "No le hablaré a nadie más acerca de ti", dije.

Algo que me gusta acerca de Dios es que debe tener un increíble sentido del humor. Porque a la mañana siguiente, trajo a un joven sargento del Ejército, que golpeó a mi puerta:

—¿Sí? —respondí.

—Bien —replicó—, alguien me dijo que si se lo pedía, usted me ayudaría a encontrar la salvación.

—Ha venido al lugar equivocado —le dije—. No puedo ayudarlo. ¡Yo mismo necesito ayuda!

—Está bien, ¡pero alguien me dijo que usted me ayudaría!

—Bien, ¡bravo! —le respondí furiosamente.

—¡Por favor! —suplicó el joven sargento. ¡Estoy perdido!

¿Y sabe qué? No pude resistir. Pasé a mostrarle el camino de la salvación. Esa noche, salí afuera y bajo un cielo estrellado me arrepentí.

—Perdóname, Dios —dije—, por comportarme tan neciamente.

—No lo olvides —respondió—, hablé a través de un asno una vez; ¡no estoy limitado!

—¡Muchas gracias! —respondí.

Todos tenemos nuestros momentos. ¿Pero sabe lo que Dios me dijo después de de mi experiencia aquella noche?

—Espero que te des cuenta de que no has perdido la gracia por esto —parecía decirme su voz.

—Esto es abrumador —respondí—. ¿Cómo puedes seguir amándome?

—Porque —respondió— mi amor no se basa en que siempre hagas lo correcto o no. Te amo. Te amé cuando todavía eras un pecador, cuando eras rebelde, cuando eras un enemigo, ¡cuando estabas indefenso! Te amo porque YO SOY amor. No te amo porque hiciste algo bueno. La verdad es que, si hiciste algo bueno, ¡en verdad no fuiste tú, de cualquier manera! ¡Fui yo!

Cuán poco comprendo la gracia de Dios, pensé.

¿Cómo está su fe en este momento?

Por un lado, vemos las obras de la *fe*. Por el otro, vemos —en las palabras de Pablo— las obras de… ¿qué?

Las obras de la *ley*.

Concluimos, pues, que el hombre es justificado por fe sin las obras de la ley (Romanos 3:28).

Sabiendo que el hombre no es justificado por las obras de la ley, sino por la fe de Jesucristo, nosotros también hemos creído en Jesucristo, para ser justificados por la fe de Cristo y no por las obras de la ley, por cuanto por las obras de la ley nadie será justificado (Gálatas 2:16).

Cuando Pablo utilizó la expresión *obras de la ley*, claramente, estaba hablando de obras; cosas que usted hace en un esfuerzo por recibir la gracia de Dios.

Las obras de la fe, por otro lado, son cosas que ve en su vida como resultado de recibir la gracia de Dios.

¿Por qué piensa que Martín Lutero tenía problemas con el libro de Santiago? Lo llamó la epístola "de paja". "De paja". Es una palabra que suena chistosa, ¿no es así? Esta fue la descripción de Lutero de la epístola de Santiago. En otras palabras, nada sustancial.

Pero Lutero, por más brillante que fuese, fracasó en ver que Santiago estaba describiendo las *obras de la fe* –"Porque como el cuerpo sin espíritu está muerto, así también la fe sin obras está muerta" (Santiago 2:26)–, mientras que Pablo está contendiendo con judíos legalistas, por lo que estaba tratando con las obras tal como se relacionan con la ley.

Pablo tenía toda una nación a su alrededor que estaba tratando de demostrarle a Dios que merecía su gracia, Los que pertenecían a esta nación –tal como lo consideraban ellos–, eran más justos, más santos, más puros. ¡Pero realmente no lo eran!

Así que Lutero malinterpretó el libro de Santiago, curiosamente. Por un buen tiempo, ni siquiera pudo leerlo. Y después de leerlo, lo descartó. Incluso el gran maestro de la Reforma no pudo ver que Santiago estaba mirando las obras sencillamente desde la otra cara de la moneda. Santiago habló de las obras no como un medio para salvarse, sino como una demostración de la fe que ya se posee.

CÓMO EVITAR LOS EXTREMOS

Es vital comprender la verdadera relación que existe entre la fe y las obras. Es vital comprender la gratuita gracia de Dios. Es vital ver la salvación y la Justificación por la Fe de una manera equilibrada, evitando los extremos.

Desafortunadamente –incluso trágicamente–, muchos adventistas hoy han caído en los errores incluidos en el arminianismo, y hacen cosas –incluso buenas cosas– ¡por los motivos equivocados!

No hay libertad en eso. No hay gozo. No hay paz.

En la primera parte del siglo XIX, Dios reunió a un número de cristianos sinceros en New England y otras partes del mundo, conduciéndolos a centrarse en el segundo advenimiento (segunda venida) de Jesucristo y en los libros proféticos de Daniel y Apocalipsis. A medida que este grupo de creyentes comenzaron a desarrollarse y multiplicarse, algunos de sus colegas de las iglesias a las que una vez habían asistido comenzaron a etiquetarlos como "adventistas". Su esperanza del pronto regreso de Jesús en 1844 terminó en un amargo chasco.

Pero a media que Dios fue ampliando la comprensión que ellos tenían de la profecía bíblica, entraron en una lucha mucho más intensa a medida que lidiaban con los temas que estamos discutiendo en este capítulo. A veces, estos pioneros permanecían despiertos toda la noche, esforzándose por comprender la Justificación por la Fe. Que Dios fuera capaz de reunir a creyentes de diferentes denominaciones como bautistas, metodistas, luteranos, católicos, anglicanos y presbiterianos, es milagroso. Después de haber estado orando y estudiando juntos, evitaron los errores del arminianismo. Tomaron lo bueno y llegaron a una comprensión magnífica de la Justificación por la Fe.

Pero su comprensión de la salvación solo por la fe −"Porque por gracia sois salvos por medio de la fe; y esto no de vosotros, pues es don de Dios" (Efesios 2:8)− no llegó a ser clara hasta 1888. De esta manera, les llevó cuarenta y cuatro años a los pioneros adventistas clarificar el tema de la Justificación por la Fe y evitar los errores del arminianismo.

En verdad, esta fue una continuación de la Reforma que había comenzado siglos antes, y Dios restauró a estos creyentes del siglo XIX más verdades que habían permanecido oscurecidas durante la Edad Oscura.

No podemos ganar la gracia

De paso, hay una muy buena razón por la que no podemos ganar la gracia de Dios. ¡Y la razón es que no puede darnos más gracia de la que ya nos ha ofrecido! Por esto es que no podemos ganar más. Dios nos ha dado gratuitamente TODA la gracia que tenía para ofrecer.

Les llevó cuarenta y cuatro años comprender esto tan claramente. Sin embargo, la lucha acerca del don gratuito de la gracia de Dios todavía continúa hoy. No ha terminado, a pesar de que el mensaje ha sido clarificado repetidamente. ¿No ha notado – especialmente en los últimos veinte o treinta años– la cantidad de personas que se han levantado para llamarnos la atención nuevamente hacia la plena Justificación por la Fe? ¡No fue por accidente! Dios parece estar muy determinado a asegurarse de que ninguno de sus hijos se pierda la oportunidad de llegar a una comprensión de cuán absolutamente generoso y misericordioso ha sido en Jesucristo.

Así que hágase una gran pregunta: ¿Está tratando de hacer algo para ganar o comprar la salvación, o para demostrarle a Dios que se la merece? Hágase esta pregunta en este momento. Solo piense en su vida; su estilo de vida.

Porque si está tratando, de alguna manera, de ganar o merecer la salvación, Romanos lo confrontará fuertemente. ¿Está realizando alguna única cosa con el deseo de obtener el favor de Dios, la gracia de Dios, la aprobación de Dios; para impresionarlo con cuánto ha crecido, cuán bien se está portando o cuán merecedor es de la salvación? ¿O algo asi?

Si es así, ha caído en una antigua filosofía que ha controlado en gran manera la mente de los habitantes de esta tierra durante casi toda la historia humana.

Y si es así, el apóstol Pablo, en Romanos 5:1, quiere desafiarlo. Aun cuando el mundo le diga que puede tener paz mental al tomar un seminario que le enseña a mirar su interior, o quizá al contactar alguno de sus ancestros muertos, o tal vez al hacer algunos ajustes en sus relaciones; la paz con Dios viene *solo* a través de nuestro Señor Jesucristo.

Por tanto, si carece de paz en su vida en este momento, es porque Jesús no está en el centro de su vida.

Quiero que estas palabras resuenen en su mente: "En consecuencia, ya que hemos sido justificados mediante la fe, tenemos paz con Dios por medio de nuestro Señor Jesucristo" (Romanos 5:1, NVI).

Algunos de ustedes pueden saber que *justificación* es un término de la industria editorial. Cuando tanto el margen derecho como el izquierdo de una columna de linotipo están perfectamente en línea, se dice que está justificado. Son "colocados" en perfecta alineación vertical.

El significado teológico básico de la palabra en griego, el idioma original del Nuevo Testamento, es "justificado" o "declarado". No *"hecho* justo", sino *"declarado* justo". Otra forma de decirlo, si pensamos en la ilustración de la industria editorial, es "alinear, enderezar".

La increíble Buena Nueva es que es un hecho ya realizado; note aquí el tiempo verbal que se utiliza: "hemos sido". Sí, es *"hemos sido* justificados mediante la fe, tenemos paz con Dios por medio de nuestro Señor Jesucristo"

¡Así que la fe está atada a Jesús! ¡Es por medio de Jesús! Dios ha hecho algo en Jesús que lo ha capacitado para enderezarlo. Usted es la columna de palabras tipeadas. Llevadas al margen –que es como la norma de justicia de Dios–, las palabras están en perfecta alineación. Son justificadas. ¡Y así está usted! Y quiero decirle que nunca, en ninguna oportunidad, será capaz de agregar o mejorar esta norma.

A la vista de Dios, usted es tan santo como el mismo Jesús es santo. Está en total conformidad a la completa ley de Dios en Jesucristo. Así es como Dios lo ve.

Según Pablo, esta es nuestra fuente de paz. ¿Tiene suficiente dinero en el banco? Esta no es la fuente verdadera. Conozco a algunas personas que están llenas de dinero en el banco, y no tienen paz. ¿Tiene todas las posesiones que este mundo puede ofrecer? Esta no es la fuente de paz; de ninguna manera.

La paz es conocer y creer que lo que Dios hizo por medio de Jesús lo capacita para tomar su columna de palabras y alinearlas según su regla perfecta –su norma de justicia– y declarar que usted es tan perfecto como él lo es.

Cuando ve esa norma, se desespera al pensar que nunca podrá alinearse perfectamente y ser justificado. Pero Dios dice: "En Jesús, ya *ha* sido justificado".

Cuando sabes y crees que Jesús ya te *ha* justificado, experimentarás su profundo sentimiento de paz; sin importar cuáles puedan ser tus circunstancias personales.

¡El amor de Dios por nosotros es increíble!

Verdaderamente increíble.

Repaso del capítulo

1. ¿Cuál es la base del amor de Dios por nosotros?

2. Describe la diferencia entre las obras de la ley y las obras de la fe.

3. ¿De qué manera los pioneros adventistas evitaron los errores que se encuentran en el arminianismo? ¿Cuánto tiempo les llevó?

4. ¿De qué manera puedes experimentar paz en tu vida? Ver Romanos 5:1.

5. ¿Qué es lo que significa ser justificado?

6. ¿De qué manera están conectadas la justificación y la paz?

7. ¿Cómo te ve Dios?

CAPÍTULO SEIS

Salvación: Un hecho consumado y un proceso continúo

Prepárese ahora, en este breve capítulo, para una declaración muy importante; algo que Dios les mostró a los pioneros del movimiento adventista. Es el don de Dios a la Iglesia Adventista del Séptimo Día de una verdad tan poderosa, que lo alabo por ella cada día.

Aquí está: La salvación, escribió el apóstol Pablo, es tanto un *hecho consumado* ("*hemos sido* justificados") como un *proceso en curso*.

A menudo le decimos a las personas que pueden ir a Jesús tal como son, pero yo siempre les digo: "Tengan en cuenta el costo, porque usted no seguirá siendo como Dios lo encontró. En el momento en que va por fe y cree lo que Dios hizo en Jesús para salvarlo, entonces esa salvación ya consumada entra en usted a través del Espíritu Santo, y llega a ser partícipe de la vida eterna. Nunca será el mismo nuevamente".

Eso es muy importante. Por ello es que encontramos el increíble énfasis de Pablo tanto en la muerte como en la resurrección de Jesús. La muerte de Cristo es el medio por el que somos partícipes de su vida; y todo esto es nuestro por la fe.

Con absoluta franqueza, hasta que nos permitimos ver que la salvación es un hecho ya consumado, generalmente somos privados del privilegio del proceso continuo. Dado que la vida de Cristo solo les es dada a los que ven y aprecian lo que Dios ya ha realizado a través de la muerte de Cristo.

Por tanto, ¿puede ver por qué esta declaración es tan importante, una idea tan poderosa?

Algunas personas solo quieren *parte* de la salvación que Dios ha provisto. Desean los beneficios de la muerte de Cristo; pero luego parecen querer detenerse allí. Quieren el hecho consumado de la salvación, pero no ven la importancia del proceso continuo. No obstante, necesitamos todo el paquete para experimentar la salvación plenamente.

La salvación no es una experiencia pasiva. Sí, se basa en un hecho ya consumado. Pero cuando realmente nos apropiamos de ese hecho, la misma vida de Jesús —la misma vida que vivió aquí sobre la tierra— entra en nosotros, y crecemos a la medida de Cristo.

Por ende, cuando encontramos a personas que han llegado a ser cristianas, pero no tienen la victoria en su vida y no están experimentando el proceso continuo, ¿qué entendemos? Entendemos que no han podido ver que es un hecho consumado. Y no poder ver ni apreciar lo que Jesús consumó sobre la cruz es el único gran factor que les niega a las personas el privilegio de estar conectadas con la Vid que da vida.

No poder apreciar lo que Jesús llevó a cabo en la cruz nos impide comprender plenamente cómo acontece la salvación. Por esto es que, quizá, el mejor hábito que todos podríamos desarrollar debería ser pasar una hora reflexiva cada día concentrados en esa cruz, contemplando lo que Jesús ya realizó allí en carne humana.

Pablo primero se centra en el hecho ya consumado de la salvación: lo que Jesús logró por nosotros en la cruz. Luego abre la puerta para que nos movamos a la comprensión de la segunda parte de la salvación: el proceso continuo.

Hecho consumado. Proceso continuo. La salvación incluye a los dos. ¿Por qué? Porque ambos se encuentran en el Hombre, Jesucristo. Y cuando recibimos a Jesús, recibimos no solo lo que ya ha hecho *por* nosotros, sino también lo que continúa haciendo cuando pasa a vivir su vida victoriosa *en* nosotros a través del Espíritu Santo.

Otra forma de ver esto es: No podemos regocijarnos en el don de Jesucristo como nuestro Salvador del pecado sin adoptarlo como nuestro Señor y Maestro. Él es ambas cosas. Así que, cuando invitamos a Jesús a entrar en nuestro corazón y en nuestra vida, recibimos no solo su *perdón* por nuestro pecado, sino también el *poder* de su vida y su resurrección para obedecer su voluntad para nosotros.

¡Esta es la razón por la que el evangelio es denominado una Buena Noticia!

Repaso del capítulo

1. ¿Cuáles son las dos fases de la salvación?

2. ¿Qué sucede cuando las personas creen y aprecian lo que Dios hizo para salvarlos?

3. ¿Qué puede entorpecer la experiencia completa del cristiano del proceso continuo de crecimiento y victoria?

4. ¿Qué hábito diario es tan importante para una vida cristiana victoriosa?

5. ¿A qué igualó Pablo con el "poder de Dios" en 1 Corintios 1:18? ¿Y en 1 Corintios 1:23, 24?

CAPÍTULO SIETE

La verdad que sacude al mundo

La salvación, tal como se señaló en el capítulo anterior, tiene dos partes: lo que Jesús ya consumó por nosotros en la cruz, y el proceso continuo que realiza en nosotros.

Es vital que comprendamos claramente lo que la Biblia nos enseña acerca de la salvación; y quizá ningún otro escritor bíblico lo haya expresado tan claramente como el apóstol Pablo en el libro de Romanos. Cientos de años después de Pablo, su nítida presentación de la magnificente y gratuita gracia de Dios surgiría como la clave para enfrentar siglos de error con la verdad.

En este capítulo, deseo volver a visitar un tiempo que ya hemos abordado en los capítulos previos; un tiempo en que la verdad bíblica acerca de la salvación fue enseñada y predicada con un poder sin precedentes. Ese tiempo fundamental que se ha dado en llamar la Reforma.

Por más de mil años antes de la Reforma, el catolicismo dominó la escena religiosa. Si bien la Iglesia contenía muchos preciosos buscadores de la verdad, el sistema de falsas enseñanzas sumió al mundo en tinieblas espirituales. ¿Por qué? Porque estaba basado en la filosofía de que los pecadores podían de alguna manera ganar o comprar la gracia.

Se estableció todo un sistema en el que se les enseñaba a los pecadores que se allegaran a un sacerdote y tomaran parte de los sacramentos para poder recibir la gracia de Dios. La Misa (la Eucaristía), por supuesto, era el gran sacramento. Otro medio de obtener la gracia era a través de las indulgencias; se pagaba una cantidad de dinero para reducir el período de una persona en el purgatorio en cientos de años. La penitencia (o la confesión) también era otro medio de obtener la gracia.

Me gustaría sugerir que no confesamos nuestros pecados para recibir la gracia de Dios. En realidad, ¡nos confesamos porque *ya* hemos recibido gratuitamente la gracia de Dios! También me gustaría sugerir que, cuando caemos en pecado, no nos confesamos ni nos arrepentimos siquiera para poder volver a obtener el favor de Dios, ¡porque ya es nuestro gratuitamente!

Así que Dios, en su infinita sabiduría, hizo surgir a un hombre, Lutero, un hombre increíble –un monje católico casado, tosco y burdo– pero testarudo y de gran espíritu. La tradición dice que estaba subiendo las escaleras (*Scala Sancta*) de la Plaza España en Roma sobre sus rodillas, cuando escuchó la voz de Dios que decía, citando Romanos 1:17: "El justo por la fe vivirá".

¿Por qué Lutero estaba subiendo las escaleras de rodillas? Para cumplir penitencia, con el fin de ganar el privilegio de que Dios lo mire de manera favorable nuevamente. Y de acuerdo con la tradición, se detuvo a mitad de camino y dijo: "¿Qué estoy haciendo? Si el justo vivirá por fe, ¿por qué me estoy arrastrando aquí intentando convencer a Dios de que soy merecedor de su gracia y su buena voluntad?"

Volvió a su hogar y escribió en el margen de su Biblia, junto a Romanos 1:17, la palabra latina *sola*, que significa "solo". El justo vivirá *solo* por fe, ¡aparte de las obras de la ley!

Así, después de unos 1.000 años de oscuridad espiritual en la Iglesia, ¡Lutero vio la luz! No se dio cuenta, por supuesto, de que estaba por enfrentarse con el sistema religioso establecido.

Nunca planeó hacerlo. Solo se entusiasmó como todos lo hacen cuando se dan cuenta de lo que es la gracia gratuita de Dios; ¡de que no tiene que pasarse la vida convenciendo a Dios de algo que, de hecho, ya sabe que no es verdad acerca de uno mismo! Esto es lo que sucedió. Lutero fue liberado.

"Aquí estoy"

Fuera del nacimiento, vida, muerte, resurrección y ascensión triunfal de Jesucristo, no creo que haya habido un momento más importante en la historia que cuando Lutero compareció valientemente por su fe. Ante la más augusta asamblea imaginable –reyes, gobernantes, obispos y emperadores–, Lutero compareció ante la Dieta de Worms y simplemente declaró sus convicciones. En esencia dijo: "Me pueden acusar de cualquier cosa. Pero sostengo la Palabra de Dios. No puedo y no me retracto de nada. Y si la Palabra de Dios dice que su gracia es gratuita, entonces es gratuita. Y esto significa que todo nuestro sistema religioso es contrario a la Palabra de Dios".

Por supuesto, Dios estaba con Lutero, y el Elector de Sajonia lo escondió en un castillo durante años, donde Lutero tradujo el Nuevo Testamento al alemán e hizo arreglos para ponerlo en manos del pueblo. Quizá la mayor contribución de Lutero fue poner la Biblia a disposición, no solo de los líderes eclesiásticos, sino de todos.

Así fue como se formó el protestantismo. Y de la Reforma, que dio origen al protestantismo, surgieron dos grandes corrientes de pensamiento. Uno fue llamado calvinismo; el otro, arminianismo. Tradicionalmente, los adventistas han estado del lado del arminianismo.

El calvinismo enseñaba que en realidad Dios no redimió a todos en la cruz, sino que solo hizo *provisión* para la salvación. E incluso más, que la provisión estaba reservada solo para un puñado de personas: los mismos elegidos. En otras palabras, todos los demás están básicamente condenados.

El movimiento adventista nunca cayó en el calvinismo, la

enseñanza que, en última instancia, por supuesto, lleva a la doctrina de la predestinación.

Los así llamados textos "universalistas" (ver ejemplos mencionados en el capítulo 2) son un gran problema para los calvinistas, porque enseñan que la salvación es para todos los hombres –todo el que quiera, puede venir–; que la salvación es para todo aquel que crea.

Del otro lado del debate, la teoría arminiana tiene mucho de recomendable. Porque el arminianismo dice: "No, Dios no solo hizo provisión en la cruz; realmente redimió a todos los pecadores en la cruz". Por supuesto, la Iglesia Adventista adhiere a esta declaración.

Pero –y aquí es donde el arminianismo se desvía de la claridad del evangelio y sus enseñanzas acerca de la gracia– el arminianismo enseña que la salvación del hombre depende de su capacidad de confesar y de arrepentirse.

Así que nuevamente, esta vez con el traje protestante más que el católico, tenemos un movimiento que enseña que la gracia puede ser adquirida, si soy capaz de confesar y arrepentirme.

¿Cómo se puede saber si uno no ha comprado esta teoría? Usted podría escuchar que me deshago en elogios elocuentes con respecto a la muerte de Jesús durante una hora, por ejemplo, y estar sentado allí y decir: "Pero ¿cuál es mi parte en todo esto?"

Pero si eso es lo que se está diciendo para sus adentros, se está perdiendo una oportunidad, porque hasta que no nos quitemos del camino lo suficiente como para permitirnos ver cuán misericordioso ha sido Dios en Jesucristo –para ver lo que ya nos ha dado gratuitamente a través de la muerte de Cristo–, entonces, aun si la alcanzamos y nos aferramos a ella, nunca será una verdadera bendición para nosotros si no vemos también lo que Dios nos está ofreciendo gratuitamente a través de la vida de Cristo.

Así que, por favor, no se aferre al papel que puede desempeñar en esto. Por supuesto, el papel que desempeñamos es sujetarnos por fe a lo que ya nos ha dado y también a lo que nos está ofreciendo.

Pero tengo noticias. ¡Aun *esto* es un don de Dios! Esto es la gracia de Dios. Cuando comprendemos de qué se trata la gracia, nunca más nos daremos el crédito por algún crecimiento espiritual que se ha manifestado en nosotros. Reconoceremos que Dios nos ha dado su gracia a pesar de nosotros, aparte de nosotros, mientras que éramos, de hecho, pecadores.

Así que toda vez –estoy hablando muy en serio aquí– que practique una teología que le da algún grado de crédito por lo bueno que está sucediendo con usted, puede tener la seguridad de que está cayendo en una forma de salvación por obras, aun cuando pueda tener un dulce sonido a evangélico, fundamentalista o católico romano. ¡Incluso podría llevar el nombre de adventismo del séptimo día! Toda enseñanza o predicación –aun dentro de la Iglesia Adventista– en la que la gracia dependa de la capacidad del hombre para responder, no es la verdad bíblica acerca de la salvación.

Qué notable momento de la historia fue cuando Lutero vio tan claramente esta verdad bíblica. Después de formar parte de un sistema que había dominado el mundo durante unos 1.000 años, ¡ver que había adoptado una enseñanza acerca de la gracia que no era bíblica fue para Lutero una cosa increíble! Y por supuesto, Dios también se lleva toda la gloria por aquel momento crucial.

Cuando Lutero descubrió y compartió la verdad de la salvación gratuita por gracia, sacudió el mundo religioso. Cuando usted y yo lo redescubrimos hoy, sacude nuestro mundo también.

Repaso del capítulo

1. ¿Qué sumergió al mundo en tinieblas espirituales durante la Edad Oscura?

2. ¿Qué le reveló Dios a Lutero cuando intentaba ganarse la gracia de Dios al subir de rodillas las escaleras en Roma?

3. ¿Qué postura tomó Lutero ante los líderes religiosos y políticos de sus días?

4. ¿De qué manera podría saber si estás comprando la idea falsa de que se puede ganar o comprar la gracia de Dios?

5. ¿Por qué nunca debería atribuirse el crédito por el crecimiento espiritual que experimenta?

CAPÍTULO OCHO

Los adventistas y la Justificación por la Fe

A medida que avanzaba el siglo XIX, en un intento por clarificar los asuntos de la salvación, muchas iglesias llegaron a una comprensión gozosa de la gracia gratuita (la salvación a través de la fe que obra), aun cuando algunos miembros no estaban experimentando la victoria sobre los hábitos pecaminosos de su vida. Por otro lado, un número de iglesias no pudieron comprender las implicancias de la gracia gratuita, dejando a sus miembros en la confusión de una mezcla de legalismo (salvación por obras) y gracia barata (la salvación sin obras).

El adventismo del séptimo día, tal como se lo señaló en el capítulo previo, ha sido receptora de mucha gracia por parte de Dios, porque los pioneros del movimiento adventista reconocieron que estaban del lado arminiano más que del calvinista en el debate de la Reforma acerca de la salvación. Pero estos pioneros no se sintieron cómodos con todo lo que enseñaba el arminianismo.

El Espíritu de Dios condujo al movimiento adventista para evitar los errores y llegar a una comprensión que el hombre, de hecho, no podría haber alcanzado por sí mismo. Pero les llevó cuarenta y cuatro años clarificar la comprensión de la Justificación por la Fe. Dejemos que este pensamiento penetre en tu mente.

A los primeros integrantes del movimiento adventista –fundado por las personas más sinceras y entusiastas de cada iglesia que se unieron para investigar la Palabra de Dios– les llevó cuarenta y cuatro años clarificar el asunto de cómo somos salvos. Y sucedió después de que Lutero despejara el camino y después que muchos otros grandes santos escribieran sobre esto y lo estudiaran. Y sin embargo tardaron cuarenta y cuatro años para comprender que la justificación es un don gratuito.

GRACIA IMPUTADA VERSUS GRACIA IMPARTIDA

¿Cuál es la otra palabra para la justificación? Santidad. Y la justificación, ya sea *imputada* –cuando Dios dice misericordiosamente: "Voy a acreditarte la perfecta justicia de Cristo. Voy a tratarte como a una persona santa"– o *impartida*, donde realmente está experimentando la presencia del Espíritu Santo dentro de usted y la mente de Cristo le es dada; siempre es el ciento por ciento la justicia de Jesucristo.

Nunca hubo un tiempo en que un hombre haya sido capaz de fabricar su pequeña porción. Siempre es la justicia de Jesús.

Esto llevó a una lucha más intensa en la Iglesia Adventista. El liderazgo del movimiento de 1888 no era favorable a toda la verdad de la Justificación por la Fe, aun cuando Elena de White, la sierva misma del Señor, escribió ratificando lo que A. T. Jones y E. J. Waggoner estaban predicando y enseñando, porque vieron esta luz. Por supuesto, les había llegado de parte de Dios.

No obstante, el liderazgo se posicionó contra la luz que se estaba afianzando, y le llevó muchos años después de 1888 para que llegue a ser una parte establecida y reconocida de este movimiento. Aun así, la lucha en la Iglesia Adventista acerca de la verdad completa de la Justificación por la Fe continúa hoy.

¿Por qué piensa que existe una lucha tan intensa acerca del asunto de la Justificación por la Fe? Porque esta lucha está enraizada en el yo, en el corazón humano natural. Es una tendencia humana querer alguna clase de crédito. Pensamos que necesitamos hacer algo.

Las iglesias a menudo entablan serias luchas acerca de temas que consideran de suma importancia, como la ordenación de la mujer o de los homosexuales; o si los hombres de raza negra pueden ser incorporados al sacerdocio; o si la autoridad espiritual se le confiere al cuerpo espiritual de Cristo o a la estructura jerárquica de la organización de la iglesia.

Tan importantes como puedan ser, estos temas son minúsculos en comparación con el asunto de mayor peso de todos, que debería consumir a todos los creyentes de todas las confesiones, que es la comprensión exacta de cómo salva Dios a un pecador por gracia por medio de la fe en la vida, la muerte y la resurrección de Jesucristo. En los tiempos bíblicos, Jesús desafío a los judíos a ordenar sus prioridades en este asunto, cuando dijo:

> ¡Ay de vosotros, escribas y fariseos, hipócritas! porque diezmáis la menta y el eneldo y el comino, y dejáis lo más importante de la ley: la justicia, la misericordia y la fe. Esto era necesario hacer, sin dejar de hacer aquello (Mateo 23:23).

Sí, otras iglesias atraviesan diferentes luchas, pero la Iglesia Adventista, desde 1888, ha pasado por una continua serie de luchas en un intento por clarificar la Justificación por la Fe. Puedo pensar en un número de personas que Dios ha levantado en los últimos veinte o treinta años para predicar y enseñar con respecto a esto, y es tan maravilloso cuando la verdad de la Justificación por la Fe se deja en claro.

Algunas personas están encantadas, y dicen: "¡Alabado sea el Señor! ¡Por primera vez en mi vida me siento libre en Cristo! No soy libre para ir y pecar; sino que soy libre para regocijarme ahora con la seguridad de la salvación".

Pero otros en la iglesia han dicho otro tanto: "¡Saquemos las armas! ¡Vamos a dispararles!"

¡Estoy fascinado por la cantidad de sentimientos que existen con respecto a este tema! Y puede percibirlo incluso hoy. Solo predique en una iglesia local acerca de este asunto, y verá que algunas personas se postran alabando a Dios; y otras lo mirarán y dirán: "Bien, ¿cuándo abandonó *usted* la Iglesia Adventista?"

EL CRISTIANISMO VERSUS LA PSICOLOGÍA POPULAR

El cristianismo, en contraste con todas las enseñanzas de la psicología moderna y popular, les dice a las personas que está bien aceptar el hecho de que usted no tiene ningún valor; que el pecado lo ha dejado sin ningún valor, inútil, incapaz de ayudarse.

¡Cuán agradecidos deberíamos estar de que Dios no nos haya considerado sin valor! Ve valor en nosotros. A pesar de nuestra condición caída, desea tener una íntima relación con nosotros. Su anhelo por nosotros es tan grande, que incluso sacrificó a su propio Hijo para poder reparar nuestra relación quebrantada por el pecado. ¡Pero está bien reconocer el hecho de que soy un gusano! En el que muchos eruditos creen que es un salmo mesiánico, David escribió las que podrían ser las mismas palabras de Jesús: "Mas yo soy gusano, y no hombre; oprobio de los hombres, y despreciado del pueblo" (Salmo 22:6). Isaías, cuando recibió una visión de nuestro santo Dios, clamó: "¡Ay de mí! Que soy muerto, porque siendo hombre inmundo de labios, y habitando en medio de pueblo que tiene labios inmundos, han visto mis ojos al Rey, Jehová de los ejércitos" (Isaías 6:5).

Si ha visto la gloria del Señor, nunca más se aferrará a buscar reconocimiento, afirmación o crédito para de algún modo marcar una diferencia increíble, porque sabrá que todo lo amoroso y centrado en los demás que haya hecho alguna vez, siempre ha sido Cristo en usted.

Con Cristo estoy juntamente crucificado, y ya no vivo yo, mas vive Cristo en mí; y lo que ahora vivo en la carne, lo vivo en la fe del Hijo de Dios, el cual me amó y se entregó a sí mismo por mí (Gálatas 2:20).

Pablo, el hombre más valiente del Nuevo Testamento, dice: "No yo, sino Cristo". No puede ni se arrogará ni un gramo de crédito para sí mismo.

Por supuesto, caer en el arminianismo, como muchos adventistas lo han hecho y todavía lo hacen, ha dejado a algunos sin ninguna seguridad. Se enojan con Dios, porque todavía son esclavos del pecado, porque les falta gozo y paz, y terminan en una experiencia de altibajos espirituales. Entran y salen de la gracia. Y si caen, o cometen un error, o se involucran con el pecado, ¿qué comienzan a creer?

"Estoy fuera de la gracia. Estoy perdido".

Esto es común; muy común hoy.

Cuando sucede esto, termina diciendo: "¿A quién le importa? Nunca voy a ser lo suficientemente bueno, así que ¿por qué debería siquiera perseverar?"

¡Y esta situación es motivada por no comprender que la gracia de Dios nunca ha dependido de cuán bueno es usted! ¡Porque usted no es bueno por naturaleza! ¡Nunca ha sido capaz de ganarla, comprarla o hacer algo para merecerla! ¡Es absolutamente *gratuita*!

¡La razón por la que no hemos convencido a Dios de que nos mire con buenos ojos es porque ya nos ha dado todo lo que podía entregarnos! Su amor por nosotros NO está basado en nuestro desempeño. A veces, se nos hace difícil entender y aceptar esto, porque nuestro amor por los demás y nuestra experiencia de ser amado por otros está con frecuencia basado en el desempeño.

La Justificación por la Fe es el gran asunto con el que el movimiento adventista debe luchar continuamente. Al movimiento adventista se le ha dado una gran claridad acerca de la Justificación por la Fe. Por esto es que, frecuentemente, se encuentran bajo ataque, dado que Satanás desea evitar que se escuchen las Buenas Nuevas, con su poder transformador de la vida. Es más, la oposición puede surgir de dentro de la iglesia, a medida que los que están determinados a reafirmar el error de la salvación por las obras buscan maneras de minar el verdadero conocimiento de la gracia salvadora de Dios.

Toda iglesia que busque clarificar los asuntos comprendidos en la salvación por gracia a través de la fe será caracterizada por un intenso debate, la agitación e incluso la división. Pienso que el movimiento adventista ha tenido más ministros que han descuidado este asunto más que cualquier otro. Creo que este es el comienzo del zarandeo de los últimos días, y muchos miembros adventistas están ahora como ovejas sin pastor. Como resultados, muchos han llegado a ser tan mundanales, que son indistinguibles del mundo. Otros se van al extremo opuesto, porque tienen demasiado miedo de hacer mal las cosas.

Así, existe una desesperada necesidad hoy de predicadores de la justificación que lleven el mensaje del poder enviado por Dios y de la gracia salvífica a los miembros de sus congregaciones, que permanecen esclavos de sus hábitos toda la vida.

Elena de White, mi escritora cristiana favorita, lo expresa tan bien en su libro *La educación*, página 57:

> La mayor necesidad del mundo es la de hombres que no se vendan ni se compren; hombres que sean sinceros y honrados en lo más íntimo de sus almas; hombres que no teman dar al pecado el nombre que le corresponde; hombres cuya conciencia sea tan leal al deber como la brújula al polo; hombres que se mantengan de parte de la justicia aunque se desplomen los cielos.

El movimiento adventista es verdaderamente único en el mundo, y en el fin, la iglesia permanecerá o caerá en su definición de este asunto.

Repaso del capítulo

1. ¿Cuál es el tema por el que el movimiento adventista ha luchado tanto por clarificar y por el que continúa luchando hoy?

2. ¿Cuál es la otra palabra para Justificación?

3. ¿Cuál es la diferencia entre justicia imputada y justicia impartida? ¿De quién es esta justicia?

4. ¿Por qué habría de existir tal lucha acerca de la Justificación por la Fe? ¿Dónde está enraizada esta lucha?

5. Como cristiano, ¿qué está bien reconocer acerca de uno mismo? Mencione un escritor del Antiguo Testamento y otro del Nuevo Testamento que podría estar de acuerdo con esto.

6. ¿Cuál podría ser la causa de que una iglesia o un grupo de creyentes sean el objetivo de los mayores ataques de Satanás, e incluso el objetivo de algunos de dentro de la iglesia?

Pregunta para reflexionar

Pídale a Dios que escudriñe y examine su corazón para mostrarle si está buscando alguna clase de crédito por su salvación y por su crecimiento en la justificación.

CAPÍTULO NUEVE

"Estando ya... seremos"

Vamos a darle otra mirada ahora a Romanos 5:1 (NVI): "En consecuencia, ya que hemos sido" (note el tiempo verbal): "justificados mediante la fe" (un hecho consumado)... "Ya que hemos sido justificados mediante la fe, tenemos paz con Dios por medio de nuestro Señor Jesucristo".

La paz con Dios no está arraigada en mis circunstancias, ni en mi crecimiento espiritual, ni ciertamente en el hecho de que ahora no estoy haciendo algunas cosas que solía hacer. La paz con Dios –y voy a decirlo nuevamente– no está arraigada en mis circunstancias. ¡Las circunstancias pueden cambiar! Quizá alguien que esté leyendo esto esté por quebrar financieramente, otro quizá esté por presentar una demanda de divorcio o aún otro tenga un hijo que posee serios problemas emocionales. Lo que estoy queriendo decir es que todos enfrentamos dificultades en la vida, ¿no es así?

Todo su mundo se puede haber venido abajo, pero la buena noticia es que la paz con Dios no está arraigada en sus circunstancias. Está arraigada en un hecho consumado, y ese hecho tiene que ver completamente con la muerte de Jesucristo.

Por esto es que las personas cuyas circunstancias cambian dramáticamente no tienen que perder su paz, dado que saben que lo que tienen no es algo que se merecen, que hayan ganado o en lo que han contribuido. Es algo que Dios les ha dado gratuitamente por medio de su gracia.

Así que las buenas nuevas que Dios confió a los adventistas ¡les fueron dadas para que los errores asociados con la Reforma pudieran ser enmendados! Con total franqueza, esta fue la gran razón por la que Dios hizo surgir este movimiento.

El hermoso mensaje que Dios les dio a los fervientes buscadores de la verdad del siglo XIX –los pioneros del movimiento adventista– fue que la salvación es tanto un hecho consumado como un proceso continuo. ¡Los dos! ¡Y estas dos cosas están ceñidas en la muerte y la resurrección de Jesucristo!

¿De qué manera se aseguró Dios de que a los fervientes buscadores del movimiento adventista no se le escapara esto? ¿Qué verdad bíblica Dios le dio a estos pioneros que les garantizó que no se les escapara esta verdad particular?

A medida que los estudiantes de su Palabra del siglo XIX continuaron profundizando, Dios confirmó el completo mensaje de salvación al conducirlos a redescubrir la gran verdad del santuario. La verdad del santuario es la única enseñanza de toda la Biblia que revela íntegramente el plan de salvación. El servicio del santuario estaba basado en lo que sucedía en el atrio; el hecho establecido de que un cordero perfecto había sido sacrificado. Pero luego, la sangre del cordero era llevada hasta el santuario. Este sacrificio y la administración de la sangre sucedía cada día, un proceso continuo. Y en el Día de la Expiación, llegaba a su conclusión.

Note estos dos versículos que se centran más claramente en esto más que otros versículos; versículos 9 y 10 de Romanos 5:

> Pues mucho más, estando ya justificados en su sangre, por él seremos salvos de la ira. Porque si siendo enemigos, fuimos reconciliados con Dios por la muerte de su Hijo, mucho más, estando reconciliados, seremos salvos por su vida.

La primera pista que tenemos aquí es que la justificación está asociada con la sangre de Jesús. Pero note también el resto del versículo 9: "seremos salvos".

"Estando ya... seremos salvos". ¿Lo está viendo? ¡Que no se le escape!

Estando ya, seremos. Necesitamos escuchar el idioma de Pablo aquí. Sus tiempos verbales son importantes.

"Pues mucho más, estando ya justificados en su sangre, por él seremos salvos de la ira".

Espero que lo esté viendo: "Estando ya... seremos".

Ahora en el siguiente versículo: "Porque si siendo enemigos, fuimos reconciliados con Dios por la muerte de su Hijo..."

Note el paralelo aquí: *Justificados* en *su sangre* y *reconciliados por su muerte.*

Note el resto del versículo 10:

"Mucho más..."

Y repentinamente comenzamos a escuchar que "Estando ya" está asociado ¿con qué aspecto de Jesús? Su muerte. El "estando ya" siempre está asociado con la muerte Jesús.

Pero el "seremos" siempre está asociado con su vida; ¡su vida y resurrección!

Por favor, no pase por alto esto; quizá sea el único gran tema en los escritos del apóstol Pablo.

"Estando ya... seremos".

"Estando ya así... seremos esto".

Así que, ¿por qué tantas personas se complican tanto para comprender el asunto de la Justificación por la Fe? Muchas personas con las que me relaciono, ¿por qué están más preocupadas? ¿Por el *estando ya* o por el *seremos*?

CENTRADOS EN LAS APARIENCIAS

Es por el *seremos.* Esto es lo que les preocupa.

"Oh, pero tu sabes, en mi vida tengo cosas que no parecen estar marchando bien. No las estoy manejando muy bien. Aún estoy cometiendo errores. Todavía estoy haciendo esto... o aquello".

Siempre se centran en las apariencias, en sus circunstancias y en su desempeño.

Pero si estoy entendiendo correctamente al apóstol Pablo, él está diciendo que "el *estando ya* precede al *seremos*". Dios realmente está diciendo: "Si solo te quitas del camino lo suficiente como para ver cuán misericordioso *he sido* contigo por medio de la muerte de Jesús –y entonces cuando lo ves, lo aceptas y dices: '¡Gracias, Dios!'– esto te abriría las puertas para todo lo que podemos ser y *seremos*".

¿Y qué nos impedirá ver esto con gratitud? La razón por la que tenemos un gran desafío aquí es porque todavía estamos comprando la idea de que "si no hago lo correcto, Dios no me va mirar con buenos ojos".

Todavía nos estamos convirtiendo en el medio por el que recibimos la gracia de Dios. Y no hay libertad en esto, porque el ser humano natural, con toda sinceridad, no está dispuesto a hacer lo correcto todo el tiempo. Se le privará de lo que más desea, que es la presencia del Cristo Viviente en usted, ¡quien únicamente puede hacer posible el actuar correctamente!

Voy a escribirlo nuevamente: Jesús no vive en nadie que no pueda apreciar lo que ha hecho al poner su vida por él. No puede hacer esto. Porque de otra manera, estaría habitando en personas que realmente no están confiando, ni creyendo, ni regocijándose en el hecho de que tienen un Dios que se sacrifica, amante y generoso; ¡un Dios que ya los ha justificado!

SALVADOR Y SEÑOR

A ver, cuando nos justificó por su sangre, ¿qué papel estaba desempeñando Jesús? El de Redentor. Pero cuando habita en nosotros a través del Espíritu, otorgándonos la resurrección de su vida, el papel de Jesús es ser el Señor de nuestra vida, salvándonos *de* nuestros pecados. Dios nunca salva a su pueblo *en* sus pecados. La salvación siempre es liberación *de* nuestros pecados.

Dios constantemente nos corteja, nos atrae y nos incita a ir hacia él. Pero hay un punto en que vemos la cruz, y pasamos a creer en Jesús como nuestro Salvador. Entonces lo invitamos a entrar en nuestra vida y a habitar en nosotros. A esto le llamamos "nacer de nuevo".

Déjeme preguntarle ahora: ¿Quiénes son los afortunados destinatarios de la gratuita gracia de Dios? ¿En qué condición están las personas –o deben estar– para poder recibir esta gracia? Revise todo Romanos 5 y lo verá. Enumeremos algunas de las descripciones que encontramos:

"Porque Cristo, cuando aún éramos *débiles*, a su tiempo murió por los *impíos*" (versículo 6; énfasis añadido).

"Mas Dios muestra su amor para con nosotros, en que siendo aún *pecadores*, Cristo murió por nosotros" (versículos 8; énfasis añadido).

Débiles... impíos... pecadores...

¿Y cuál fue el beneficio dado a los *débiles*, los *impíos*, y los *pecadores*? La muerte de Jesús –su sangre– ¡se les dio gratuitamente!

Otras descripciones:

Porque si siendo *enemigos*, fuimos reconciliados con Dios por la muerte de su Hijo, mucho más, estando reconciliados, seremos salvos por su vida (versículo 10; énfasis añadido).

Por tanto, como el pecado entró en el mundo por un hombre, y por el pecado la muerte, así la *muerte* pasó a *todos los hombres*, por cuanto todos pecaron. [...] Así que, como por la trasgresión de uno vino *la condenación a todos los hombres*, de la misma manera por la justicia de uno vino *a todos los hombres* la justificación de vida (versículos 12, 18; énfasis añadido).

Enemigos... todos los hombres... condenación a todos los hombres... ¿Y qué beneficios fueron dados a estos *enemigos*, a *todos los hombres*, a estos *condenados a la muerte*? La reconciliación y la justificación que trae vida.

Ahora, perciba cuidadosamente: Esta lista que hemos estado realizando, que incluye a los débiles, los impíos, los pecadores, todos los hombres, los enemigos y los condenados; es de los que estaban condenados a una *muerte eterna*. Es algo muy serio.

Pero note algo más también cuidadosamente. ¿Puede ver por qué los hombres y mujeres pecaminosos no están nunca en posición de sentir que pueden ganar, merecer o demostrarle a Dios su valía? ¡Dios ya lo conoce! Dio a su propio Hijo, cuya vida perfecta fue ofrecida como sacrificio, capacitando así a Dios a declarar justas a todas estas personas: los débiles, los impíos, los pecadores, los enemigos, todos los hombres, los condenados. En el juicio de Dios, ¡*todos* los pecadores han sido declarados perfectamente justos a su vista! ¡Increíble!

Dios, en su infinita misericordia, ha aceptado a un Hombre en lugar de todo este mundo. Y en el momento en que se permita decir: "Uau, ¡esto es increíble!" está, en las palabras de Pablo, ¿bajo qué condición? ¡Está bajo la gracia!

Puede pasar el resto de su vida sencillamente contemplando la cruz y diciendo: "¡Estoy maravillado! ¡Dios me ha dado la más increíble evidencia de su amor! ¡Me ha declarado justo!" Este es el significado de la palabra griega *justificación*, ya sabe: "declarado justo". Así que puede decir: "Me ha reconciliado consigo mismo. Y no he hecho nada para merecerlo; ¡no podría hacer nada!"

No tengo nada que probarle acerca de mí a Dios. No hay nada que probar, nada bueno, nada que merezca mencionar. ¿Qué es lo que Pablo dijo de sí mismo? "Palabra fiel y digna de ser recibida por todos: que Cristo Jesús vino al mundo para salvar a los pecadores, de los cuales yo soy el primero" (1 Timoteo 1:15).

Pablo dijo: "Soy el más grande de los pecadores". Sin embargo, esto no le impidió trabajar audazmente para Dios. Fue la comprensión de esto lo que le dio a Pablo la motivación para seguir trabajando por Dios a pesar de la más horrenda oposición.

Realmente podría pasar el resto de su vida bajo la gracia; ¿se da cuenta de ello? Porque si no está bajo la gracia, según Pablo, está bajo la ley. Y si está bajo la ley, tengo noticias para usted. Mejor que se prepare para defenderse ante Dios. Mejor que le muestre que, en verdad –increíble y milagrosamente– ha sido capaz de poner su vida en conformidad perfecta con su norma perfecta. Y si no puede demostrar esto, ¡pobre de usted!

Esto es lo que significa estar bajo la ley. Significa que cree que, por medio de sus propios intentos, tal vez incluso hasta dándole generosamente a Dios el crédito por ayudarlo, puede poner su vida en conformidad con la impecable norma de Dios. ¡Le deseo suerte!

Así que el único gran desafío que todos enfrentamos cada día de nuestra vida es permanecer bajo la gracia. Y el factor que lo hace posible es esa increíble palabrita: *fe*.

No es por casualidad que Juan dice en su epístola: "Todo aquel que confiese que Jesús es el Hijo de Dios, Dios permanece en él, y él en Dios" (1 Juan 4:15). Piense en esto. Quien confiesa que Jesús es el Hijo de Dios llega a creer cada día de su vida. El único mayor desafío que todos enfrentamos cada día de nuestra vida es permanecer bajo la gracia al entrar por el camino de la fe. Es algo poderoso.

Anticristo es una palabra que significa que no está llegando a creer en Jesús; que piensa que ha encontrado una forma alternativa de reunir los requerimientos de Dios.

Todo lo que Dios ha hecho por nosotros fue realizado sin nuestra contribución. Y lo que ha realizado incluye a todas las categorías de pecadores.

Un joven homosexual entró en mi oficina un día. Y dijo:

–Tengo una gran pregunta, que probablemente no pueda responder.

Le dije:

–Adelante.

–¿Hay gracia para los homosexuales en la Iglesia Adventista? –preguntó.

–Bien –respondí–, ¿quieres la respuesta teórica o la práctica?

Teóricamente, hay mucha, pero prácticamente, no sé si puedo asegurarte de que la encontrarás en esta congregación.

Pero le dije:

—Te diré algo: puedes tener esa gracia hoy si reúnes los requisitos.

—Bien —respondió—, ¿cuáles son los requisitos?

—Necesitas convencerme —dije— de que eres débil, de que eres impío...

—Oh —me interrumpió—, eso no será tan difícil.

—... de que eres un gran pecador.

Me dijo:

—Ese soy yo.

—...de que eres un enemigo de Dios, de que te estás sintiendo terriblemente culpable y condenado.

—Soy todas esas cosas —dijo.

—Bien, entonces —respondí—, tengo buenas noticias para ti. ¡La gracia de Dios es tuya!

Solo no es *efectiva* para el que piensa que está exento de estas cosas —que estas palabras no se aplican a él—, como los fariseos que se paraban orgullosos en las esquinas de las plazas, depositando sus ofrendas públicamente para que las personas pudieran ver cuán justos eran. Esto es lo que a Dios le cuesta más atravesar.

LA GRACIA DE DIOS ES PARA TODOS

De paso, esto debería ser maravillosamente alentador y animador para todos nosotros, ¿no es así? Porque no hay categoría, no hay pecado, no hay profundidad en la que haya caído que lo coloque fuera de la gracia de Dios. Porque Dios estaba en Jesús, ¡reconciliándolo! "Que Dios estaba en Cristo reconciliando consigo al mundo, no tomándoles en cuenta a los hombres sus pecados, y nos encargó a nosotros la palabra de la reconciliación" (2 Corintios 5:19).

No le estaba pidiendo que haga lo imposible para poder mirarlo con buenos ojos. Al saber que nunca puede llegar a lograr esto, ¡dio a su propio Hijo!

¡Considere lo que Dios nos está ofreciendo! No solo nos está dando el privilegio de ser justificados –como un hecho establecido– sino mucho más que esto, ¡nos está ofreciendo el privilegio de recibir su vida aquí y ahora! Y esto es salvación. La salvación se da cuando una persona se apodera del hecho establecido, y ahora se abre para que la vida de Jesús entre en ella. Ha entrado en la salvación.

A menudo las personas me preguntan:

–¿Usted es salvo?

Les respondo:

–He sido salvado, y estoy en el proceso de ser salvado. Estoy bajo la gracia de Dios, y lo alabo por eso. Allí es donde estoy.

Dado que la salvación es un hecho establecido, cuando nos aferramos a la fe, la puerta ahora está abierta para que la vida de Jesús venga a morar en nosotros.

HECHO JUSTO Y DECLARADO JUSTO

Espero que, por ahora, esté percibiendo la clara distinción de ser *hecho* justo en contraste con ser *declarado* justo. El significado de justificación es ser *declarado* justo.

Voy a decirlo nuevamente: Las únicas personas que conozco que están siendo *hecha* justas –que están creciendo en santidad y madurez en Jesús– son las que diariamente están apreciando que Dios las haya *declarado* justas a través de la obediencia de Jesús.

Por tanto, así como una sola transgresión causó la condenación de todos, también *un solo acto de justicia* produjo la justificación que da vida a todos. Porque así como por la desobediencia de uno solo muchos fueron constituidos pecadores, también por *la obediencia de uno* solo muchos serán constituidos justos (Romanos 5:18, 19; NVI; énfasis añadido).

Si los pecadores tienen la promesa de ser justos, pueden *creer* que serán hecho justos. Y tienen esta esperanza basados en el hecho de que la *obediencia de uno* no solo hizo posible que sean declarados justos, sino de ser hecho justos. Es la *obediencia de uno* lo que garantiza que sean hecho justos. ¡Qué clase de sentimientos de duda propia y culpa pueden evitar los creyentes cada día de su vida si creen que, a través de la *obediencia de uno* se les garantiza el privilegio de ser hecho justos! No tienen que sentirse perdidos ni fuera de la gracia cada vez que cometen un error.

Incluso pueden llegar al punto, como lo hice yo, en el que puedan decir: "¡Verdaderamente soy libre para cometer un error! ¡Porque Dios sabe que no puedo cambiar todo eso rápidamente! ¡Tengo la cabeza embotada! ¡No puedo hacerlo de la noche a la mañana!"

Por causa de la gracia, no tenemos que pasarnos la vida midiendo cuán bien lo estamos haciendo, monitoreando nuestra conducta, lamentándonos de nuestro progreso, y preguntando constantemente: "¿Soy lo suficientemente bueno?"

Ha oído a alguien decir (¡quizá usted mismo!): "¿Nunca seré del todo bueno?" Verá, alguien realmente escribió un libro; una mujer adventista escribió un libro llamado: *Nunca suficientemente bueno.* Y así es cuán mal llegan a sentirse algunos; incluso siendo buenos adventistas. Pero cuando comprende que la plena salvación de Dios incluye no solo ser declarado justo, sino también ser hecho justo, nunca volverá a preguntarse: "¿Soy lo suficientemente bueno?" ¿Por qué? Porque ahora no estará dependiendo de su propia obediencia o bondad; sino en las palabras de Pablo, de "la obediencia de uno".

¿A qué conclusión radical posiblemente podríamos llegar en este momento acerca de la obediencia de Jesús? Si es solo la "obediencia de uno" la que Dios acepta como medio por el que somos hecho justos, entonces solo me estoy preguntando si está teniendo el mismo pensamiento radical que yo en este momento.

Aquí está: "Nunca seré el propietario de la obediencia; siempre será Jesús quien la posea". Nada de esto me pertenece o proviene de mí. Viene de Jesús.

Este es un profundo y sorprendente avance: ver que es *su* obediencia.

Ahora, para algunos, este puede ser un pensamiento radical, pero estoy intentando que así sea. La clara verdad bíblica es que la vida que Jesús vivió fue una vida de obediencia perfecta. ¡Y que la vida —y la muerte de Cristo— ha sido aceptada por Dios como la base para que yo sea declarado y hecho justo!

Así que estoy forzado a llegar a la maravillosa conclusión de que la vida que viviré en el futuro *ya ha sido vivida* en el pasado, ¡porque es la obediencia de uno la que ha sido aceptada por Dios como mi justificación! E incluso el privilegio ser hecho justo depende de la vida que *él* vivió, ¡no de la vida que viviré! Sencillamente estoy aprendiendo, por fe, a vestir *su* vida. No estoy intentando solo hacerlo mejor con alguna ayuda adicional de Jesús; ¡estoy dependiendo de la vida de perfecta obediencia que ya ha vivido!

¡Esto es radical! Espero que ahora esté comenzando a darse cuenta de que depender de la vida de Cristo está supeditado al hecho establecido de la cruz.

La verdad es que, si este hecho establecido no está en su lugar en su vida, y no está yendo diariamente a la cruz, viendo allí lo que Dios ha hecho a través de la muerte de Jesús, ni lo está alabando por ello, probablemente se encontrará con un bajo suministro del Espíritu Santo. Porque los adventistas no pertenecen a la tradición de solo elevar las manos por el aire y decir: "Lléname, Señor", y ser llenados.

¡El Espíritu tiene el ministerio de llevar la vida de Cristo a los creyentes! Así que nuestro desafío es seguir creyendo —seguir bajo la gracia— ¡y agradecer a Dios por esa gracia cada día de nuestra vida!

"¡Aleluya! Dios, ¡me has declarado justo! ¡Gracias por la obediencia de uno que has aceptado total y completamente como mía!"

Esto abre las puertas a nuestra vida para el proceso continuo:

para que la vida de Jesús entre en nosotros y podamos crecer a su semejanza. Y es Dios en nosotros de comienzo a fin, como dijo Pablo: "Porque Dios es el que en vosotros produce así el querer como el hacer, por su buena voluntad" (Filipenses 2:13).

Sí. Profundo. Notable. Maravilloso. ¡Radical!

Y la base de nuestra esperanza.

Repaso del capítulo

1. ¿En qué está enraizada la paz de Dios? ¿En qué *no* está enraizada la paz de Dios?

2. ¿Cuál es la gran razón por la que Dios hizo surgir el movimiento adventista?

3. Describa la hermosa verdad que Dios le dio a los pioneros adventistas para asegurarse de que entiendan que la salvación es tanto un hecho realizado como un proceso continuo.

4. Analice cómo comparte Pablo esa verdad en Romanos 5:9, 10.

5. ¿En quién vive Jesús?

6. ¿A quién justificó Dios (declaró justo) y reconcilió consigo mismo –por medio de la muerte de Jesús– como un acto de su gracia gratuita?

7. ¿De qué manera puede permanecer bajo la gracia de Dios cada día para que esto sea eficaz en su vida?

8. ¿Qué es lo que significa entrar en la salvación?

9. ¿Qué papel desempeña la vida obediente de Jesús en el proceso de que usted sea hecho justo?

10. ¿Qué es lo que significa vestir la vida de Cristo?

CAPÍTULO DIEZ

El hábito diario más importante

Creo que puedo decir que, a lo largo de mis muchos años de ministerio, las personas que han venido a mí con graves problemas de estilo de vida han compartido, sin excepción, la misma cosa en común. No dedican tiempo al hecho establecido de que "Dios estaba en Cristo reconciliando consigo al mundo" (2 Corintios 5:19). No ven ni aprecian que Dios haya demostrado su amor en Cristo y que lo haya derramado en la persona del Espíritu Santo; que Jesús haya sido el único ser humano que vivió una vida de total obediencia a Dios, al confiar en su Padre.

Jesús, el Dios-hombre, fue el único ser humano que alguna vez haya vencido al diablo. Nacimos con atracción hacia el diablo; él venció al diablo. En carne humana, venció la tentación en todas sus formas. Y la vasta mayoría de las personas que conozco son derrotadas porque están intentando convertirse en Cristo. Su foco es vencer los malos hábitos de sus vidas en lugar de vestirse diariamente con el Victorioso y recibir de él su victoria sobre el pecado por medio de la fe. Quieren ser victoriosos por sus propios esfuerzos.

"Quiero ser lo suficientemente fuerte como para resistir al

diablo en cada paso. Necesito vencer este pecado. Voy a liberarme totalmente de él".

Todas estas clases de declaraciones dicen lo mismo. ¿Y qué es lo que dicen? Revelan que estoy cayendo en la justificación por obras; la suposición de que la gracia puede ser comprada, ganada o merecida. Si tengo el desempeño, ¡tendré la gracia!

Al pensar de esta manera –y yo también lo hice durante años–, se estará enterrando en un pozo cada vez más profundo. Hace mayores esfuerzos, clama a Dios y le ruega que lo haga más fuerte y mejor.

Pero finalmente Dios abre sus ojos y le dice: "Verás, todo es cuestión de creer. Por la obediencia de uno, muchos son hecho justos. Estoy satisfecho con que un ser humano ya haya vivido una vida de completa obediencia a mí, ¡y es esta vida sorprendente y perfecta la que estoy dispuesto a aceptar en lugar de la vida vivida por *todos*! ¡Los impíos, los débiles, los pecadores, incluso mis enemigos! Los culpables, los condenados".

Jesús vivió la vida que se esperaba que yo hubiera vivido. ¡Ya ha vivido mi vida futura! Así que, desde ahora, voy a vivir dependiendo de él cada día. ¡Voy a dejar que Jesús viva, camine, hable, respire, decida, actúe y ministre a través de mí!

No estoy planeando ser mejor –llegar a ser más santo– al recibir inyecciones regulares de bondad por parte de Jesús. Al contrario, voy a darle el privilegio de incorporar en mi vida la misma vida que él ya ha vivido.

Regresemos por un momento a Romanos 5:1 y 2 (NVI):

En consecuencia, ya que hemos sido justificados mediante la fe, tenemos paz con Dios por medio de nuestro Señor Jesucristo. También por medio de él, y mediante la fe, tenemos acceso a esta gracia en la cual nos mantenemos firmes. Así que nos regocijamos en la esperanza de alcanzar la gloria de Dios.

¿Cuál es la "esperanza de alcanzar la gloria de Dios"? Note: es la gloria de *Dios*. "La esperanza de alcanzar la gloria de Dios" es que

Dios hará con nosotros lo que ha prometido hacer; y es *hacernos* justos, no solo *declararnos* justos.

Ya ve, Dios es glorificado cuando le permitimos *hacernos* justos o, en otras palabras, ¡cuando nos vestimos de la completa vida que Jesús vivió!

Note las palabras de Jesús en Juan 17:4 y 5: "Yo te he glorificado en la tierra; he acabado la obra que me diste que hiciese. Ahora pues, Padre, glorifícame tú al lado tuyo, con aquella gloria que tuve contigo antes que el mundo fuese".

Así que el ministerio de Jesús fue glorificar al Padre. ¿Y cómo hizo para glorificar al Padre? Lo hizo al revelar la plenitud del Padre en su propia vida.

Por tanto, Jesús glorificó al Padre, y a su vez, Jesús fue glorificado a través de sus seguidores. Y el propósito de que Jesús sea glorificado en la vida de sus seguidores fue también para revelar la plenitud del Padre. Jesús lo expresó de esta manera en el versículo 23: "Yo en ellos, y tú en mí, para que sean perfectos en unidad, para que el mundo conozca que tú me enviaste, y que los has amado a ellos como también a mí me has amado".

El significado bíblico de glorificación

Dios es finalmente glorificado en la vida de sus hijos cuando revelan a Cristo. Para que el mundo que los rodea vea a Jesús en la vida de sus seguidores, y el mundo entonces vea que Dios los ama también, y sean atraídos hacia él.

¡Esto es algo increíble! Este es el significado bíblico de glorificación. Por cierto, está muy mal que muchos adventistas a menudo han visto la glorificación reducida primariamente a la descripción del momento en que obtengan nuevos cuerpos, porque la glorificación es realmente un asunto de carácter.

Con esta breve mirada a Juan 17, volvamos ahora a Romanos 5. Este capítulo se refiere a cuán misericordioso ha sido Dios con la raza humana. Se refiere a cuán misericordioso ha sido Dios con usted. Se refiere a cuán misericordioso ha sido conmigo, y con todo el que califique como débil, impío, pecador, enemigo o condenado; en otras palabras, cada miembro de la raza humana.

Si bien no estábamos en posición de ofrecerle a Dios alguna razón para creer que merecíamos algo, Dios ofreció su gracia al enviar a su propio Hijo, y nos dio el privilegio de la justificación, totalmente aparte de nosotros mismos. No participamos en ello. No contribuimos. De hecho, estábamos en nuestra condición perdida y pecaminosa cuando nos entregó su gracia.

Dios dio su propio Hijo para que viva una vida santa, para que ofrezca esa vida, ¡y luego ser resucitado para ponerla a disposición de todo el que verdaderamente crea que Dios pudo haber sido tan generoso!

El desafío más grande del ministerio es hacer que las personas olviden sus circunstancias, sus luchas, sus fallas, sus éxitos; y capacitarlas para mirar objetivamente a la cruz y decir: "¡Aleluya! Aun en mi condición pecaminosa, Dios me amó lo suficiente como para ofrecer su vida, para reconciliarme, para justificarme, para dejar que mi muerte caiga sobre Jesús, que llegó a ser sin pecado por mí con el fin de que pudiera tener gracia ahora disponible para mí. Jesús vivió una vida completamente obediente para que yo pudiera ser hecho justo, porque quería obtener el derecho a ofrecerme esa misma vida".

Por cerca de 2.000 años, esto es lo que Jesús le ha estado ofreciendo a sus hijos. Lamentablemente, en comparación, pocos de sus hijos realmente han aprovechado lo que les ofrece. Jesús desea que tengamos la plenitud de quién es y cómo ha vivido. Está a disposición. Podemos tener su amor. Podemos tener su compasión. Podemos tener su pureza. Podemos tener su fervor. Podemos tener su espíritu abnegado. Nada nos será negado.

Todo lo que pide de nosotros ahora es que permanezca bajo la gracia. En otras palabras, que no vuelva a caer en la idea de que hemos hecho algo para obtener su favor. Lo que nos da —lo que hizo por nosotros— es absolutamente gratuito, porque éramos incapaces, porque éramos impíos, porque éramos pecadores, y porque no podíamos hacer nada para conseguir nuestra salvación. No teníamos nada que ofrecer, así que dijo: "Se los he dado gratuitamente".

Es alentador saber que, en respuesta al don de Dios, algunos caen de rodillas ante él y dicen: "¡Gracias, Padre! Tienes que haberme amado mucho como para pedirle a Jesús que haga todo esto por mí; para mirarme en un estado pecaminoso, para tomar mi muerte y mi tendencia a intentar probar que no soy tan malo, para pedirle a Jesús que tome todas estas cosas sobre sí mismo y me declare justo; con el fin de que pueda ser libre para gozar de una relación con él y recibir la vida que me imparte diariamente a través del Espíritu.

LA CRUZ, CADA MAÑANA

Si solo puedo hacer que las personas realmente vean la cruz, no hay límites para lo que Dios puede hacer con ellos y en ellos. Mi preocupación es hacer que las personas adquieran seriamente el hábito de ir a la cruz cada mañana de su vida.

¿Ha desarrollado el hábito de ir a la cruz cada día de su vida? ¿Cada día se concentra en la muerte de Jesús y reclama para usted *todo* lo que es suyo?

De paso, el mundo a veces es mucho más sabio que nosotros en estos asuntos. Es claro que entiende la formación de hábitos mejor que los cristianos. Porque el mundo sabe que se necesitan sesenta repeticiones consecutivas para que se establezca un hábito.

Una vez, para ayudarle a alguien a establecer el hábito de la adoración matinal, llamé a un hombre durante sesenta mañanas seguidas, cada mañana a las 7, y realicé un culto con él por teléfono. Alrededor de la cuadragésima mañana, me dijo:

—Sabe, no tiene que guiarme más. Soy capaz de hacerlo por mí mismo ahora.

—Está bien —le dije—, usted puede conducir el culto, pero lo seguiré llamando, porque tenemos sesenta días seguidos, y si salteamos un día, tenemos que comenzar nuevamente.

Este fue el acuerdo. ¡Y él siguió adelante por sesenta días seguidos!

¿Cuál es su hábito? ¿Es un hábito establecido en su vida ir a la cruz cada día y aferrarse de lo que tiene a disposición a través de la muerte de Jesús? ¡Y lo que tiene a disposición es totalmente gratuito! No tiene que contribuir. No puede hacer nada para cambiar su interior. Es Dios que lo ama tal como usted es.

En el momento en que llega hasta la cruz y reconoce que Dios pone sobre Jesús todos sus pecados, sus imperfecciones, su condenación, porque lo ama, el Espíritu Santo inmediatamente queda a su disposición ese día. No necesita pasar un solo día más sin que el Espíritu Santo habite en usted; ¡sin tener la mente de Cristo! ¡Qué bendición es esto!

Cuando ve cuán misericordioso ha sido Dios con usted, debería llegar al punto en que solo abra su vida y diga a Dios: "Estoy abrumado. No merezco nada de esto. Sé que no tengo nada que ofrecerte, pero estoy tan agradecido de que me hayas amado lo suficiente como para dejar que mi muerte y mi pecado caigan sobre Jesús. Y quiero reclamar y recibir todo lo que me has dado y me estás ofreciendo".

Amigo, ¿se está regocijando en la salvación gratuita de Dios?

¿Le ha agradecido por ese gran don?

¿Y ha abandonado todos –TODOS– sus esfuerzos por ganarlo o merecerlo?

Repaso del capítulo

1. ¿Qué tremenda verdad de la gracia de Dios se encuentra en 2 Corintios 5:19?

2. ¿Cuál es la esperanza de la gloria de Dios?

3. ¿De qué manera es capaz de vivir la vida justa y obediente que vivió Jesús?

4. Repase el significado bíblico de glorificación. ¿Cuál fue la obra de Jesús sobre la tierra? ¿Qué es lo que significa que Jesús sea glorificado a través de sus seguidores? ¿Por qué es importante? Ver Juan 17:4, 5, 21, 23.

5. ¿Qué respuesta desea Dios obtener cuando usted mira la cruz y ve el don gratuito que le ha dado en su Hijo Jesús?

6. ¿Por qué es tan importante tener el hábito de ir a la cruz *cada* día?

Aplicación

Encuentre un compañero para que puedan ayudarse entre sí a establecer el hábito de ir a la cruz cada día, centrándose en la muerte de Jesús y reclamar para sí todo lo que es suyo.

CAPÍTULO ONCE

Declaraciones de fe

En este capítulo, quiero hablar acerca de las declaraciones de fe: qué son y qué no son.

Necesitamos aclarar lo que esto significa para comenzar a creer en la muerte de Jesús; y entonces ser capaces de expresar esa creencia. Y realmente me preocupa cuando sé que no estamos expresando nuestra fe con claridad; que realmente no estamos viendo lo que tenemos por medio de la muerte de Jesús.

Así que quiero darle algunos ejemplos de declaraciones de fe, porque estas son declaraciones confesionales. Ya sabe, la confesión, bíblicamente, no se refiere primariamente a contar todas sus equivocaciones. La confesión, bíblicamente, es testificar lo que se tiene en Cristo y alabar al Padre por ello.

Las declaraciones de fe se relacionan con hechos establecidos. En otras palabras, las declaraciones de fe están basadas en lo que sabemos que ya ha sido dado. Repasemos una vez más Romanos 5:6, 8-10:

> Porque Cristo, cuando aún éramos débiles, a su tiempo murió por los impíos (versículo 6).

Mas Dios muestra su amor para con nosotros, en que siendo aún pecadores, Cristo murió por nosotros. Pues mucho más, estando ya justificados en su sangre, por él seremos salvos de la ira. Porque si siendo enemigos, fuimos reconciliados con Dios por la muerte de su Hijo, mucho más, estando reconciliados, seremos salvos por su vida (versículos 8-10).

Las buenas nuevas es que *hemos sido justificados* (declarados justos) y *reconciliados con Dios* por medio de la muerte de Jesús. Estas cosas ya son nuestras. ¡Podemos reclamarlas!

Cuando lo hacemos, ¿qué puerta se abre? ¿Qué puerta dinámica milagrosa se abre cuando uno confiesa que Jesús es el Hijo de Dios? Note nuevamente 1 Juan 4:15: "Todo aquel que confiese que Jesús es el Hijo de Dios, Dios permanece en él, y él en Dios".

¿Ve aquí lo que sucede cuando confiesa su creencia en el don gratuito que Dios le ha otorgado en la persona de Jesucristo? Sí, usted es habitado. El Espíritu Santo entra en su mente.

¿QUÉ ES −Y QUÉ NO ES− UNA DECLARACIÓN DE FE?

Antes de avanzar más en la discusión de esta presencia interior, sin embargo, quiero estar seguro de que entendamos lo que es expresar fe en el hecho establecido de lo que Jesús hizo por nosotros en la cruz.

A veces, ¡casi me quedo ronco intentando que las personas lo digan! Porque, verá, a veces tienen todos estos otros pensamientos en su mente, y algunos rápidamente se lanzan a describir cuán bien lo están haciendo mientras Dios les ayuda a vivir una vida mejor.

Pero declaraciones como estas no son declaraciones de fe. Son buenas declaraciones. No son declaraciones "ofensivas a Dios". Pero no son declaraciones de fe o de creencia, porque la fe siempre está arraigada en la muerte y en la resurrección de Jesucristo.

Así que realmente puede ir y decir: "Gracias, Dios, porque esta mañana, por medio de la muerte de Jesús, te alabo porque me estás contemplando como un hombre justo".

Esta es una declaración de fe.

"Gracias, Padre, porque por medio de la muerte de Jesús, ya no soy considerado un enemigo tuyo".

Esta es una declaración de fe.

"Te agradezco esta mañana, Padre, porque por medio de la obediencia de uno, me estás contemplando como si nunca hubiera pecado".

Esta es una declaración de fe.

Si tiene a Cristo habitando en usted por medio del Espíritu, entonces Dios le está dando la seguridad ahora de que está en él y de que nadie puede apartarlo de su mano.

Una vez, estaba arrodillado en el piso de piedra de una iglesia en Latvia mientras una mujer estaba orando en ruso. La mujer pasó veinte minutos entregándose a Dios y confesando cada pecado conocido que tenía en toda su vida.

Le pregunté a un intérprete:

—¿Qué es lo que está orando? Mis rodillas se están quejando por esta superficie de piedra.

Él dijo:

—Está confesando cada pecado conocido de su vida.

Yo dije:

—¡Aleluya! ¡Podríamos estar aquí por semanas! ¿No es así!

De todas maneras, finalmente, después de veinticinco minutos, dejó de orar y se puso de pie. Era una mujer que había tenido un problema con demonios durante veinte años; nunca había sido liberada. Se puso de pie y rodeó mi cuello con sus brazos.

Ella dijo:

—¡Oh, gracias! Es la primera vez en mi vida que me siento libre.

Y el Espíritu del Señor habló a mi mente y me dijo:

—Reprende a esa mujer.

—¿Qué? —respondí.

Me estaban rodeando cincuenta jóvenes pastores a quienes les estaba dictando un seminario. Pero Dios dijo nuevamente:

—Reprende a esa mujer.

Así que estaba discutiendo en mi mente con Dios.

—¿Por qué?

—Porque —dijo Dios—, su oración no es una oración de fe. Porque cuando vienes a mí, no vienes para ofrecerme algo. Vienes para recibir lo que tengo para darte.

En ese momento, este asunto quedó muy claro en mi mente, y comencé a pensar en todos esos llamados que escuchamos por todas partes, tales como: "Entréguese a Dios". Deberíamos escuchar muchos más llamados acerca de cuánto nos ha dado Dios, ¡y la exhortación a aferrarse de ello por la fe!

Comencé a pensar: Bien, ¿qué es lo que le estoy ofreciendo realmente a Dios? Afortunado Dios: mira lo que te estoy dando, ¿lo ves? ¡Nota el cuerpo y la mente increíble que te estoy ofreciendo, Dios! ¡Sin embargo, no es nada en comparación con lo que Dios ya me ha dado!

Por tanto, desde ese momento, cambié el enfoque de todo mi ministerio. Y solo en raras ocasiones me escuchará hacer un llamado para que las personas se entreguen a Dios, porque estoy más preocupado en que ellas tomen lo que Dios les ha dado.

Podemos caer en la tentación de pasar la mayor parte de nuestro tiempo hablando de nuestras luchas diarias; y cómo aplicar la salvación de Cristo en nuestra vida. Y es natural estar fascinado por ello. Pero muy pocos se toman el tiempo para poner el fundamento en su lugar; el hecho establecido de lo que sucedió en la cruz.

Ahora déjeme regresar a la iglesia en Latvia y terminar la historia. Fue una situación incómoda para mí, porque estaba entrenando a 200 pastores, y cincuenta de ellos permanecían detrás de mí y estaban contemplando mi interacción con la mujer que había estado orando. El intérprete me había dicho:

—Ignore a esta mujer. ¡Es peligrosa!

Bien, es muy incómodo cuando tiene a una mujer sentada en el banco de enfrente haciéndole señas. Y finalmente ella se paró y dijo:

—¿Por qué me está ignorando?

Y dije:

—¡Ah!

Así que me dispuse a atenderla, y ella quedó realmente sorprendida.

—Tengo un mensaje de Dios para usted —le dije.

—Ah —dijo ella—, ¡es maravilloso!

Y se postró y comenzó a elevar sus manos al cielo.

Le dije:

—No se apresure. ¡Espere a oír el mensaje!

—Bien —respondió ella—, ¿cuál es el mensaje?

—Dios desea que la reprenda —le dije.

La sangre comenzó a circular por su rostro.

—¿Por qué? —respondió—. ¡Acabo de pasar veinticinco minutos entregándole a Dios cada pecado de mi vida!

—Está bien —respondí—, ese parece ser el problema, porque cuando se acerca a Dios creyendo, no se acerca para ofrecerle algo. Esa es la forma pagana. Se acerca para recibir lo que Dios tiene para usted. Y pasó veinticinco minutos entregándose a Dios; pero todavía no ha alcanzado ni tomado lo que él le está dando.

De paso, este es el síntoma de muchas personas. Si siente escasez del Espíritu Santo en su vida, estoy seguro de que es porque no ha dado el paso de confesar que Jesucristo es el Hijo de Dios. Eso es serio.

Necesitamos urgentemente desarrollar el hábito de hacer declaraciones de fe cuando vamos a Dios, porque ¿qué es lo que acabamos de leer? "Todo aquel que confiese que Jesús es el Hijo de Dios, permanece en él, y él en Dios" (1 Juan 4:15). Si lo hacemos, ¡seremos habitados por el Espíritu Santo! Confiese su fe en la muerte de Cristo, ¡y el Cristo viviente vendrá a usted! ¡Tendrá a Cristo en su mente! Imagine qué ventaja es esto.

Ahora, si no tiene a Cristo en su mente, será como muchos otros cristianos. Será tentado, y comenzará a clamar desesperadamente para que Dios lo fortalezca para poder resistir la tentación.

VER CON UNA NUEVA MENTE

Pero ese no es el camino a la victoria. Es el camino a la derrota. Puede clamar pidiendo lo que quiera, pero será en vano. Pero cuando confiesa a Jesús y él entra en su mente por medio del Espíritu Santo, inmediatamente tiene la mente de Cristo. Contempla las cosas con ojos totalmente diferentes cuando tiene la mente de Cristo.

Sé cuál fue la primera vez que esto me pasó a mí, porque realmente me permití mirar a una bella y joven mujer sin ningún pensamiento de deseo, porque en lugar de pedirle a Dios que quite los pensamientos de lujuria, le dije: "Te doy el privilegio de entrar en mi mente".

Repentinamente miré a esta chica que sinceramente hubiese deseado, y la vi como una maravillosa creación que había salido de las manos de Dios; no como un objeto de deseo sexual, sino como algo bello que podía glorificar a Dios. Y, pensé, debía alabar a Dios por su creación.

"¿De dónde vino ese pensamiento?", me pregunté. No era mi pensamiento acostumbrado.

Y Dios me dijo: "Fue mi pensamiento. Así es como veo a esta bella joven que es el fruto de mis manos".

Y repentinamente caí en la cuenta: "Oh, he estado empezando la casa por el tejado".

He estado yendo a Dios con una mente carnal (no espiritual), rogando liberación. Mi clamor ha sido: "¡Hazme más fuerte!"

Debería haber ido a Dios con una mente llena del Espíritu. Entonces habría pensado como Dios lo hace. Quiero decirle que, cuando se transforma en victoria, marca toda la diferencia entre el éxito y el fracaso.

Y el privilegio de tener a Cristo en su mente por medio del Espíritu depende de si se permite ver y apreciar cuánto le ha dado Dios en la persona de Jesucristo.

Debería ser capaz de expresar declaraciones de fe así cuando se acerca a Dios cada mañana: "Gracias, Padre".

¿Qué es lo que le dirá entonces al Padre? Además de agradecerle, ¿qué más puede hacer? Puede alabarlo. Puede entonar alabanzas a Dios. Pero sus oraciones han de ser dirigidas al Padre. ¡Le está agradeciendo y alabando al Padre por algo que ha hecho en Cristo!

Es justificado. ¡Él llegó a ser pecado por usted!

Así es como el Padre lo ve en Cristo. "Gracias, Padre, porque al permitir que Jesús llegue a ser pecado por mí, ahora ves mi desdichado y pecaminoso yo como absolutamente justo ante tu vista".

Esta es una declaración de fe.

Me estoy dirigiendo al Padre. Esto reclamando lo que ha hecho en Cristo. ¡Le estoy permitiendo que me vea como él dice que me ve! Y estoy reconociendo al mismo tiempo la verdad acerca de mí mismo. Estoy diciendo: "Soy una persona desdichada y pecaminosa, pero Jesús fue hecho pecado por mí. ¡Y ahora me ves como alguien justo y sin pecado!"

Trato de expresar estos pensamientos a Dios cada mañana de mi vida. Sin importar cómo me sienta, quiero que Dios conozca mis pensamientos. "Soy un hombre desdichado y pecaminoso, y estoy muy agradecido esta mañana, mientras miro la cruz, de que hayas permitido que Jesús sea hecho pecado por mí, porque ahora tengo la seguridad de que, ante tu vista, por otro día, soy tan perfecto como lo fue Jesús".

Esta es una declaración de fe.

Y puede hacer esto con respecto a todas las bendiciones asociadas con la muerte de Jesús. ¿Y en qué categoría entran todas estas bendiciones? No forman parte de un proceso continuo en nuestra vida. No, son hechos establecidos. Ya han sucedido. Fueron nuestros cuando menos lo merecíamos. No podíamos hacer nada para obtenerlos. Y a pesar de nuestra pecaminosidad y estado de debilidad, ¡la gracia de Dios se derrama sobre nosotros!

Por cierto, pareciera que pocas personas están verdaderamente agradecidas por la gracia de Dios. Muchos profesos cristianos, incluyendo a muchos miembros de la Iglesia Adventista del Séptimo Día, se las han arreglado para desarrollar formas de ganar el favor de Dios o demostrar que de alguna manera lo merecen.

Así, algunos tratarán de guardar el sábado un poquito mejor. Otros practicarán la justificación por medio del estilo de vida. Si bien el estilo de vida es importante, algunos se concentran demasiado en su dieta, en el entretenimiento, en la salud, en el vestir y en otros asuntos; y con frecuencia se obsesionan con la conducta de los demás, también.

¿Por qué no, sencillamente, ser libres para gozar de una relación con Dios en su lugar? Cuando esto está en su lugar, se verá un gran equilibrio en nuestra vida. En lugar de hacer cosas para poder apaciguar a Dios y recibir su gracia, seremos libres para servirle con gozo y obedecerle en todas las cosas con gusto; porque ya hemos recibido gratuitamente su gracia por medio de su Hijo Jesucristo. Nuestro estilo de vida reflejará su carácter, porque su gracia estará en nosotros.

Cuando nos basamos en los hechos establecidos −cuando aceptamos por fe lo que Jesús llevó a cabo por nosotros en la cruz−, podemos abandonar para siempre nuestros esfuerzos por ganar o merecer lo que, después de todo, ¡ya es nuestro!

Repaso del capítulo

1. ¿Por qué es tan importante expresar su fe con gratitud en el don gratuito de Dios: su hijo Jesucristo?

2. ¿En qué está enraizada siempre la fe?

3. ¿Por qué Dios reprendió a la mujer de Latvia?

4. ¿Cuál es la clave para tener a Cristo en su mente y pensar como Dios piensa y ver las cosas como Dios la ve?

5. ¿Cuál de las declaraciones de fe expresadas en este capítulo lo han impactado más?

6. ¿Cuál es la única manera de tener un estilo de vida equilibrado que glorifica a Dios?

Pregunta para reflexionar

¿Está verdaderamente agradecido por el don de la gracia de Dios? ¿Se siente cómodo al expresar más abierta y frecuentemente su gratitud?

CAPÍTULO DOCE

¡Qué alivio!

Soy la clase de persona que puede pasar por la experiencia de la cima de la montaña, y al siguiente día puede estar en el valle. Está bien reconocer esta característica propia ante Dios. Así es cuán inconsistentes somos los frágiles seres humanos en pecado. ¡Esto es lo que nos pasa! Realmente comenzamos a pensar que la experiencia fluctuante es normal. ¡No lo es!

De modo que estamos buscando aclarar nuestros pensamientos acerca de lo que significa entrar en la fe y alabar a Dios por el don de su Hijo en el Calvario. Es el quid de la cuestión. Todo el servicio del santuario comenzaba en el altar del atrio. ¡Era la base de todo lo que sucedía después!

Después de predicar este mismo mensaje en Australia una vez, un hombre se puso de pie y dijo:

−Gracias, Dios, porque lo estoy haciendo muy bien.

¡Lo miré asombrado! El le devolvió el micrófono al diácono, y yo dije:

−Déselo nuevamente.

El hombre se enojó por esto; era alguien a quien conocía desde hacía treinta años, ¿sabe? Fuimos a la escuela juntos.

Y dijo:

—Bueno, no sé qué decir. Bueno, entonces —continuó—, está bien, Dios, cuando miro a mi alrededor en esta iglesia, quiero alabarte, porque es mi dinero el que construyó esta iglesia.

Esto es lo que dijo la segunda vez. Y lo miré incluso con mayor asombro. Lo intentó cuatro veces, y sin embargo no pudo reconocer nada.

Finalmente, dijo:

—Bien, supongo que no sé cómo alabar a Dios.

—Bien —respondí—, eso podría ser una declaración verdadera.

Me esperó a la salida de la iglesia. Sabía que estaba realmente enojado y dijo:

—Me expusiste allí.

—Bien —respondí—, eso no fue nada todavía, porque francamente —y lo estoy diciendo amablemente— necesitas quedar expuesto. Si como líder de esta iglesia no puedes ponerte de pie y alabar a Dios por lo que tienes en Jesús mientras al mismo tiempo dejas el yo fuera de escena, ¡tienes un problema!

Todavía no ha podido expresar una verdadera declaración de fe. Es decir, cada vez que estoy allí, me prueba nuevamente. Está determinado a ganar.

Deberíamos adorar a Dios por todas las bendiciones de la vida, pero si no estamos llegando a creer, nos estamos privando de que el Espíritu Santo habite en nosotros, y solo nos estamos convirtiendo en pequeños demonios bien educados.

Recuerde: aquí está leyendo las palabras de alguien que por veinte años elevó aquella oración contraproducente: "Dios, hazme lo suficientemente fuerte. Quiero hacer esto por ti".

Dios finalmente dijo: "Pero, mira, ¡ya lo hice por ti! ¡Abre tus ojos y aférrate de lo que hice en carne humana! Cree en Jesús; ¡no tienes que *ser* Jesús!

Intentar en vano ser un superhombre

Esto es lo que Dios me dijo. Y yo pensé: "¡Qué alivio!" En verdad estaba tratando de ser Jesús. Quería ser el perfecto vencedor. Quería llevar una vida pura y justa. Odiaba el hecho de que todavía tenía hábitos en mi vida que no eran para la gloria de Dios.

Pero estaba yendo por el camino equivocado. Estaba queriendo que Dios me convierta en un superhombre. ¡Pero existe solo un ser humano que fue lo suficientemente bueno!

¡Y Dios, en su infinita misericordia, aceptó a ese uno en mi lugar! ¡Maravilloso! ¿Cómo pudo hacer esto?

Cuando finalmente lo entendí, me postré de rodillas y dije:

—Perdóname por los veinte años en el desierto de tratar de ser más fuerte.

Y Dios dijo:

—Bien, tenías buenas intenciones, pero no funcionó, ¿no es así?

—No —admití— ¡no funcionó! ¡Cada vez caía más bajo!

¡Y este fue el primer momento en que vi la luz!

Fue como Lutero. No obstante, ¿por qué tenía que repetir la experiencia de Lutero? Me debería haber conformado con leer su descubrimiento y creerlo: que "el justo vivirá" no por su lucha, no por rogarle a Dios que lo convierta en superhombre, ¡pero "el justo por la fe vivirá" solamente!

Y esa fe es en el Señor Jesucristo.

Incluso sabrá cómo Dios se siente en relación con sus compañeros de trabajo, porque la mente de Dios estará en usted al mirarlos. Conocerá el mismo momento en que debería alimentar, cuándo ser un poco más audaz, cuándo brindar apoyo. Sabrá precisamente cuando, porque será Jesús en usted quien mire a los demás de manera amorosa, queriendo atraerlos a sí mismo.

¿Recuerda este versículo? "Todo aquel que confiese que Jesús es el Hijo de Dios, Dios permanece en él, y él en Dios" (1 Juan 4: 15).

Ahora, no tengo ningún reparo en decirles que, si hace una confesión bíblica —una declaración de fe—, puede esperar ser ungido por el Espíritu Santo. Y recuerde que puede correr un riesgo por causa de los resultados que tiene para su estilo de vida, para sus relaciones, para todo lo que compone su mundo.

Una declaración de fe está basada en hechos establecidos; y estos hechos se encuentran en la Palabra de Dios. La historia bíblica del siervo del centurión de Lucas 7:1-10 muestra que tiene fe cuando sus pedidos están basados en la Palabra:

> Después que hubo terminado todas sus palabras al pueblo que le oía, entró en Capernaum. Y el siervo de un centurión, a quien éste quería mucho, estaba enfermo y a punto de morir. Cuando el centurión oyó hablar de Jesús, le envió unos ancianos de los judíos, rogándole que viniese y sanase a su siervo. Y ellos vinieron a Jesús y le rogaron con solicitud, diciéndole: Es digno de que le concedas esto; porque ama a nuestra nación, y nos edificó una sinagoga.

> Y Jesús fue con ellos. Pero cuando ya no estaban lejos de la casa, el centurión envió a él unos amigos, diciéndole: Señor, no te molestes, pues no soy digno de que entres bajo mi techo; por lo que ni aun me tuve por digno de venir a ti; pero di la palabra, y mi siervo será sano. Porque también yo soy hombre puesto bajo autoridad, y tengo soldados bajo mis órdenes; y digo a éste: Ve, y va; y al otro: Ven, y viene; y a mi siervo: Haz esto, y lo hace.

> Al oír esto, Jesús se maravilló de él, y volviéndose, dijo a la gente que le seguía: Os digo que ni aun en Israel he hallado tanta fe. Y al regresar a casa los que habían sido enviados, hallaron sano al siervo que había estado enfermo.

Si Dios lo ha dicho, es libre de aferrarse tan audazmente como pueda y reclamarlo para usted.

Y no, esto no es arrogancia. Se llama "fe" al hecho de creer que, como Dios lo dijo, lo creo, sin lugar a dudas. La razón por la que no es arrogancia es porque es contrario al corazón humano natural.

El corazón humano natural quiere hacer cosas por sí mismo e incluso es feliz al acudir a Dios para que lo haga más fuerte con el fin de ser capaz de hacerlas.

Pero la fe está basada en la humildad y la entrega. Reconozco mi propia inutilidad, pecaminosidad y debilidad; y que necesito lo que Dios me ha dado y me está ofreciendo por medio de Jesucristo. Esto es fe. Puede ser tan audaz como quiera.

Nadie en la Biblia, cuando vio a Dios, se puso de pie y dijo: "Oh, Gracias. No soy un gusano".

¿Sabe lo que hicieron? Aquí nuevamente está lo que dijo Isaías: "¡Ay de mí! que soy muerto; porque siendo hombre inmundo de labios, y habitando en medio de pueblo que tiene labios inmundos, han visto mis ojos al Rey, Jehová de los ejércitos" (Isaías 6:5). Cuando vio la gloria del Señor –cuán Santo es Dios–, Isaías se dio cuán sumamente pecaminoso era en contraste.

Esto no significa que Dios no nos valora. No se equivoque. Pero el cristianismo es lo opuesto a la "psicología popular". En el cristianismo, uno empieza; bueno, es como en Alcohólicos Anónimos, donde uno comienza: "Soy alcohólico".

Y en lo que he dado en llamar "Pecadores Anónimos", se comienza diciendo: "Soy un hombre, o una mujer, de labios inmundos. No hay nada bueno en mí".

Pero esto no significa que estoy sin esperanza. Esto es un asunto totalmente diferente. No obstante, a menos que reconozcamos la verdad de lo que el pecado ha hecho en nosotros, parecerá que nunca podremos ir más allá de la primera base en lo relativo a tener la seguridad de la salvación.

Por esto es que enfatizo y repito que la salvación es un hecho establecido al igual que un proceso continuo. Y parte del hecho establecido es caer en la cuenta de nuestra profunda pecaminosidad.

¿Cómo se sentía Dios en relación con el mundo en los días de Noé? ¿Cómo se lo describe? "Y vio Jehová que la maldad de los hombres era mucha en la tierra, y que todo designio de los pensamientos del corazón de ellos era de continuo solamente el mal" (Génesis 6:5).

"¡Todo designio!" ¿Y qué es lo que Jesús enseñó?

Mas como en los días de Noé, así será la venida del Hijo del Hombre. Porque como en los días antes del diluvio estaban comiendo y bebiendo, casándose y dando en casamiento, hasta el día en que Noé entró en el arca, y no entendieron hasta que vino el diluvio y se los llevó a todos, así será también la venida del Hijo del Hombre (Mateo 24:37-39).

Todo pensamiento de los hombres era pecaminoso; estaban intentando satisfacerse a sí mismos, sin pensar alguna vez en Dios, aun cuando les había dado abundancia de advertencias. Ellos "en otro tiempo desobedecieron, cuando una vez esperaba la paciencia de Dios en los días de Noé, mientras se preparaba el arca, en la cual pocas personas, es decir, ocho, fueron salvadas por agua" (1 Pedro 3:20).

Por la fe Noé, cuando fue advertido por Dios acerca de cosas que aún no se veían, con temor preparó el arca en que su casa se salvase; y por esa fe condenó al mundo, y fue hecho heredero de la justicia que viene por la fe (Hebreos 11:7).

Esto es lo que ha hecho el pecado, y la belleza del cristianismo es que, a pesar de reconocer nuestra profunda debilidad y pecaminosidad, no estamos sin esperanza, porque Dios ha visto valor en nosotros, hasta el punto de sacrificar a su propio Hijo, sabiendo lo que el pecado había hecho en nosotros.

En otras palabras, Dios no se ofende cuando nos acercamos audazmente. Quiere que seamos audaces, por lo que ha hecho en Jesucristo.

Así que revisemos algunas de estas declaraciones de fe.

"Gracias".

"Te alabo".

"Te canto alabanzas".

BENEFICIOS DE LA MUERTE DE JESÚS

No obstante, puede hacer lo quiera, porque a través de la muerte de Jesucristo:

- ▶ "He sido justificado; declarado justo" (Romanos 5:9).
- ▶ "Fui reconciliado con Dios" (Romanos 5:10).
- ▶ "Dios me ha demostrado su amor" (Romanos 5:8; 1 Juan 3:16).
- ▶ "Dios ha hecho la paz, reconciliando todas las cosas – incluyéndome– consigo mismo" (Colosenses 1:20).
- ▶ "Fui redimido –rescatado– y perdonado" (1 Pedro 1:18, 19; Apocalipsis 5:9; Efesios 1:7).
- ▶ "Fui crucificado juntamente con Cristo" (Romanos 6:5-7; Gálatas 2:20).
- ▶ "Se hizo pecado por mí, y cuando él murió, yo morí" (2 Corintios 5:14, 21; Romanos 6:6, 8; Isaías 53:4-7).
- ▶ "Mi pecado ha sido quitado" (Hebreos 9:26; Juan 1:29).
- ▶ "He sido lavado de mis pecados" (Apocalipsis 1:5).
- ▶ "Puedo considerarme muerto al pecado" (Romanos 6:11).
- ▶ "No hay una segunda muerte (una referencia a la muerte eterna en contraste con la muerte física en la tumba, a la que Jesús llamó sueño) en mi futuro, porque ya murió esa muerte por mí" (Hebreos 2:9; Apocalipsis 20:6; Juan 11:11-15).
- ▶ "He sido liberado de mi enemigo, Satanás; ha sido derrotado; ya no tiene poder sobre mí" (Hebreos 2:14).
- ▶ "Soy libre del temor de la muerte, de la servidumbre del pecado y del diablo" (Hebreos 2:15).

"Soy..." ¿qué más?

- ▶ "He sido hecho perfecto para siempre, ¡incluso mientras estoy en proceso de ser santificado por Cristo!" (Hebreos 10:14).

▶ "Fui sanado" (1 Pedro 2:24).

▶ "Ya no soy condenado" (Romanos 8:1).

¿Por qué no?

Porque mi condenación cayó sobre él (Romanos 8:1-3; 1 Pedro 2:24).

Tengo todas estas cosas, a pesar del hecho de que soy débil, pecaminoso y malvado.

Tengo todas estas bendiciones, ¡y son mías sobre la base de la muerte de Jesús! Son hechos establecidos, y simplemente puedo decir: "Gracias, Padre. En mi futuro no existe una segunda muerte, ningún lago de fuego. Quiero alabarte por esto hoy, porque Jesús ya murió mi segunda muerte".

Esta es una declaración de fe.

"Gracias, Padre, porque aun cuando me siento como si estuviera inculpado de muerte, atrapado por el pecado, no estoy condenado a tu vista, porque misericordiosamente permitiste que mi condenación cayera sobre Jesús".

¡Maravilloso! *Condenado*, de paso, es la misma palabra que *juzgado*. Mi juicio cayó sobre Jesús. Esto lo mató. Por esto es que Jesús enseñó que un verdadero creyente no tendrá que enfrentar el juicio, ¡porque él ya lo ha experimentado! "De cierto, de cierto os digo: el que oye mi palabra, y cree al que me envió, tiene vida eterna; y no vendrá a condenación, mas ha pasado de muerte a vida" (Juan 5:24).

"Gracias, Padre, porque no tengo que pasar el día de hoy ignorando tu amor, porque has demostrado tu amor hacia mí al sacrificar a tu hijo para que muriera en mi lugar, y quiero regocijarme en ese amor hoy. Gracias".

Esta es una declaración de fe.

"Esa fue la demostración de tu amor. Gracias, Padre".

Mi declaración favorita de fe siempre vuelve a la justificación: "Gracias, Padre, porque a pesar de ser consciente de mi propia humanidad pecaminosa hoy, al mirar la cruz, quedo sobrecogido por el hecho de que me ves tan perfectamente justo como Jesús, porque si bien él no conoció pecado, permitió ser hecho pecado en mi favor y sufrió la muerte que yo merecía. Gracias, Padre".

Esta es una declaración de fe. Y en el momento en que la expresa –en el momento en que confiesa– el Espíritu Santo trae la vida de Cristo hacia usted. ¿Cómo sabemos que la declaración de fe anterior es verdadera?

Porque Jesús fue enviado para morir, y la muerte es la paga del pecado no de la justicia. "Porque la paga del pecado es muerte, mas la dádiva de Dios es vida eterna en Cristo Jesús Señor nuestro" (Romanos 6:23).

Jesús –aun cuando nunca pecó personalmente– fue hecho pecado. Por esto es que el Padre apartó su rostro. No porque viera a su propio Hijo, sino porque nos vio a usted y a mí colgando allí. Jesús tomó sobre sí mismo mi pecado. "Todos andábamos perdidos, como ovejas; cada uno seguía su propio camino, *pero el Señor hizo recaer sobre él la iniquidad de todos nosotros*" (Isaías 53:6; NVI; énfasis añadido).

Si alguna vez deja que Jesús llegue a ser completamente usted, ¡qué momento es este! Un día, realmente permití que Jesús muriera con todo lo que yo era sobre él. Quiero decir todo. Pensé: "¡Aleluya!" Jesús tomó incluso mis pensamientos más débiles, más oscuros, más horribles, mis acciones y mis actitudes sobre sí. ¡Y esto lo mató! Fue un paso de fe de su parte, como es un paso de fe de nuestra parte aferrarnos a ello y creerlo.

¡Sabemos que le costó la vida! Los hombres justos no pasan por una muerte como esa; no la segunda muerte. Él murió *la segunda muerte*; la muerte de un pecador culpable y abandonado. ¡Qué acto de fe fue para él hacer esto! Tuvo que confiar en que su Padre lo resucitaría.

Contemple la siguiente cita hermosa de Elena de White en *El Deseado de todas las gentes*, páginas 16 y 17:

Cristo fue tratado como nosotros merecemos a fin de que nosotros pudiésemos ser tratados como él merece.

Fue condenado por nuestros pecados, en los que no había participado, a fin de que nosotros pudiésemos ser justificados por su justicia, en la cual no habíamos participado. El sufrió la muerte nuestra, a fin de que pudiésemos recibir la vida suya.

¿Cómo está su fe en este momento, mi amigo lector? Deseo animarlo a escribir una declaración de fe por sí mismo. No tendría que tener nada que ver con las luchas de su vida, con cuán bien lo está haciendo o cuán bien no lo está haciendo. En cambio, debería centrar su atención en la muerte de Jesús.

En su declaración de fe, alabe a Dios por la muerte de Jesús, porque puede reclamar como suyo todo lo que se relacione con la muerte de Jesús en las Escrituras. Y sencillamente quiere alabar a Dios por ser tan misericordioso y generoso.

Déjeme darle un ejemplo más de declaración de fe:

"Te estoy agradeciendo esta mañana, Padre, porque a través de la obediencia del Hombre Jesucristo, que fue obediente hasta la muerte, me ves como alguien totalmente obediente a él. ¡Gracias, Padre! Porque cuando me miro al espejo, esto no es lo que veo, sino que te estoy alabando porque es lo que tú ves; y esto me da la valentía de avanzar en Jesucristo".

Por tanto, dedique ahora un momento a escribir abajo su propia declaración de fe. Porque cuando lo haga, liberará el Espíritu Santo de una manera muy especial, ¡y puede esperar que le empiecen a pasar cosas interesantes!

También deseo animarlo a buscar un amigo o un familiar y expresarle verbalmente su declaración de fe:

Si confesares con tu boca que Jesús es el Señor, y creyeres en tu corazón que Dios le levantó de los muertos, serás salvo. Porque con el corazón se cree para justicia, pero con la boca se confiesa para salvación" (Romanos 10:9, 10).

MI DECLARACIÓN DE FE:

Repaso del capítulo

1. ¿Cuál es la diferencia entre creer en Jesús y tratar de ser Jesús?

2. ¿Cómo "el justo vivirá"? ¿Cómo *no* vivirá?

3. ¿Qué puede esperar que suceda cuando hace una declaración de fe (una confesión bíblica)?

4. ¿Qué demuestra la historia del centurión de Lucas 7 acerca de la fe? ¿Por qué Jesús dijo que no había visto semejante fe como la del centurión?

5. ¿Qué reconocerá cuando reciba el don de la humildad?

6. Repase y contemple los beneficios de la muerte de Jesús enumeradas en este capítulo.

7. ¿Cómo podría enseñar Jesús que un verdadero creyente no vendrá a juicio (condenación)?

8. ¿Por qué el Padre apartó su rostro de Jesús sobre la cruz?

Pregunta para reflexionar

¿Es difícil para usted alabar a Dios por lo que le ha dado en Cristo Jesús, mientras se deja a sí mismo afuera del cuadro?

Aplicación

Asegúrese de escribir al menos una declaración de fe y "confesar con su boca" al compartirla con otra persona.

CAPÍTULO TRECE

"Mucho más"

Somos declarados justos por medio de la muerte de Cristo, y entonces, cuando el Espíritu entra en nuestra vida, verdaderamente somos hechos justos. Este es el equilibrio que hemos estado buscando, ¡así que alabo al Señor por ello!

Quizá algunos de ustedes pueden estar inclinándose todavía hacia el lado de la experiencia continua, pero quiero asegurarme de que todavía continuamos alabando a Dios por lo que tenemos por medio de la muerte de Jesús: un hecho ya establecido. Esto, a su vez, abre las puertas a la magnificencia de la obra del Espíritu Santo en nuestra vida. Dios es bueno, ¿verdad?

Si se aferra por fe a la muerte de Cristo –y todo aquello que Dios le ha dado–, será una persona pacífica. Ya no se castigará a sí mismo. Ya no se embarcará en el perfeccionismo. Ya no medirá su rendimiento cada día para ver si todavía tiene el favor de Dios o no. Se centrará en la cruz del Calvario. Será aliviado de todas estas cosas, ¡y ahora será libre para entrar en la vida de Cristo!

Por esto la promesa es: "Si confiesas, ¡habitará dentro de ti!" Y este es un *proceso* continuo. Me parece absolutamente fascinante que tantos cristianos vean a un pecador acudir a Cristo y esperen madurez instantánea. Obviamente, nunca criaron a un niño.

La parte más importante de la preparación bautismal no es un conjunto de doctrinas; es el conocimiento de Jesucristo. Todas las doctrinas de la Iglesia Adventista del Séptimo Día tuvieron la intención de estar centradas en Cristo, revelándonos el carácter de Dios y lo que hizo en Cristo. No deberían ser solo un conjunto de enseñanzas que apoyan una iglesia.

Las doctrinas pueden dar vida cuando son presentadas de una manera centrada en Cristo. Es decir, nunca fuimos llamados solo a defender un conjunto de doctrinas. Esta no es la razón de nuestra existencia. ¡Fuimos llamados a llevar a los pecadores a la vida; a predicar y enseñar las Buenas Nuevas! Y si hay pecadores en la comunidad, deberían venir a las Iglesias Adventistas en busca de libertad y victoria; y la capacidad de vivir sin ser esclavizados por el pecado por el resto de su vida.

En este punto, me gustaría pedirle que deje de leer este libro. Sí, ¡me oyó bien! Por un momento, al menos. Lo suficiente como para que pueda dedicar algún tiempo a buscar su Biblia y leer todo el capítulo 6 de Romanos.

. . . .

¿Terminó Romanos 6?

Ahora, entonces, note el uso de la palabra *consideraos* del versículo 11. "Así también vosotros consideraos muertos al pecado, pero vivos para Dios en Cristo Jesús, Señor nuestro". ¿Es "fe" o "sentimiento" cuando "considera" algo? Es una experiencia de "fe", ¿no es así?

"Considérelo", "escoja creerlo". ¿Qué palabra utiliza aquí la versión Reina-Valera Antigua (1909)? *Pensad que de cierto*. Está bien, tenemos un par de opciones aquí: "pensar", "considerar", o podríamos decir: "escoger creerlo".

Cuando escogemos creer, reclamamos todos los beneficios de la muerte de Cristo. Es el primer paso en nuestro día cuando vamos a la cruz. Estamos considerando pasos prácticos ahora. El primer hábito que queremos incorporar cada día es el hábito de confesar nuestra fe en la muerte de Jesús y nuestra gratitud por ella.

Puede haber sentimientos apropiados, de paso, que acompañen una declaración de fe. Dios les otorga sentimientos buenos y saludables a las personas que expresan su fe.

Mientras más compartamos estas cosas, más llegarán a formar parte de nosotros. No es libre porque, de alguna manera, mejoró su vida. Es libre porque Jesús no vivió una vida "mejorada", ¡sino perfecta! ¿Lo sabía?

¡Dios quitó la culpa que estaba aplastando a la raza humana! Aun cuando éramos adictos al pecado, todavía sentíamos culpa por esto. Así que Jesús tuvo que someterse a ser tratado como nosotros lo merecíamos: como seres absolutamente pecaminosos. Tuvo que sufrir la muerte. Y solo la muerte de un Hombre justo podría haber expiado los pecados de todo el mundo.

Sí, fue nuestro pecado lo que provocó la muerte de Jesús. En Pentecostés, cuando Pedro se paró y predicó ese sermón poderoso, y se convirtieron 3.000, dijo a los judíos presentes: "Ustedes mataron a Jesús". ¡Eso fue exactamente lo que predicó! Llamó las cosas por su nombre, ¡y fueron convencidos y se arrepintieron! Miremos el registro de Hechos 2:36-41.

> Sepa, pues, ciertísimamente toda la casa de Israel, que a este Jesús a quien vosotros crucificasteis, Dios le ha hecho Señor y Cristo.
>
> Al oír esto, se compungieron de corazón, y dijeron a Pedro y a los otros apóstoles: Varones hermanos, ¿qué haremos?
>
> Pedro les dijo: Arrepentíos, y bautícese cada uno de vosotros en el nombre de Jesucristo para perdón de los pecados; y recibiréis el don del Espíritu Santo. Porque para vosotros es la promesa, y para vuestros hijos, y para todos los que están lejos; para cuantos el Señor nuestro Dios llamare.
>
> Y con otras muchas palabras testificaba y les exhortaba,

diciendo: Sed salvos de esta perversa generación. Así que, los que recibieron su palabra fueron bautizados; y se añadieron aquel día como tres mil personas.

Todos tenemos la capacidad de no hacer de esto el centro de nuestra vida diaria. Pero Dios es misericordioso, y lo interesante es que no nos deja caer otra vez bajo la condenación. Sin embargo, ¡nosotros mismos volvemos allí con demasiada rapidez!

Pero Dios no nos pone otra vez bajo condenación, ya que no nos eximió de esto en primera instancia porque éramos consistentes con la manera en que debíamos vivir. Nos eximió porque Dios nos ama lo suficiente como para dejar que Jesús lo experimentara en nuestro lugar. Esto es gracia. De esto se trata la gracia.

La única base para nuestra seguridad

Lo que Dios nos ha dado es la base de nuestra seguridad. Espero que veas esto. Es nuestra *única* base de seguridad. Es la base de nuestra seguridad porque todos los beneficios de la cruz nos han sido otorgados, no sobre la base de nuestro desempeño humano; ¡nos son dados sobre la base del desempeño divino-humano de Cristo! De esta manera, aun si caemos otra vez –algo que todos hemos hecho–, y de que estamos tan ocupados que no siempre somos conscientes de esto en nuestra vida diaria, no somos puestos otra vez bajo condenación y culpa. Porque nunca fuimos declarados justos primeramente porque lo estábamos haciendo muy bien; sino ¡porque Jesús lo hizo muy bien!

Por esto es que lo que Dios nos da es la base de nuestra seguridad. Y usted puede evitar los altibajos espirituales si ese factor está en el lugar correcto en su vida diaria. Puede comenzar con una experiencia sistemática de confianza y seguridad.

Pero pronto se dará cuenta de que Dios le está ofreciendo "mucho más" (recuerde Romanos 5:10). Estas dos palabras deberían resaltar en su Biblia y brillar como luces de neón.

"Mucho más".

¿Mucho más de qué? Leamos todo el versículo nuevamente:

"Porque si siendo enemigos, fuimos reconciliados con Dios por la muerte de su Hijo, mucho más, estando reconciliados, seremos salvos por su vida".

La Buena Nueva es que, aun cuando éramos enemigos de Dios, fuimos reconciliados con él por la muerte de Jesús. No obstante… ¡hay "*mucho más*"!

Por favor, ¡que no se le pase esto! Lo que Dios está ofreciendo no es solo el privilegio de ser liberados de una sentencia de muerte; un maravilloso privilegio, ¡no podemos negarlo! ¡Esto es como si fuéramos eximidos de pasar por la guillotina!

¡Pero lo que Dios quiere que sepa es que tiene "mucho más" almacenado para usted! Por esto es que el protestantismo comenzó a retroceder cuando se detuvo en la cruz. ¡Porque la cruz es el camino a "mucho más"!

No es suficiente con solo ir por la vida sabiendo que estoy perdonado, que Dios me mira como si fuera perfecto. ¡Dios me está ofreciendo "mucho más"!

¿Cuánto más? ¿Qué es lo que dice? *¡Seremos salvos por su vida!* Dios desea que sepa que no solo le está ofreciendo perdón; también le está ofreciendo restauración. En otras palabras, la salvación no es una experiencia pasiva. ¡Es una experiencia dinámica! Si entra en la salvación, ¡está entrando en la vida! Y espero que haya percibido esto a partir de lo que ha leído hasta aquí: ¡El camino a la vida es por medio de la muerte de Jesús! No puede obtener vida sin pasar primero por la muerte de Jesús.

Jesús mismo lo enseñó: "De cierto, de cierto os digo, que si el grano de trigo no cae en la tierra y muere, queda solo; pero si muere, lleva mucho fruto" (Juan 12:24).

¡El camino a la vida es a través de la muerte!

Aquí es donde algunas enseñanzas cristianas incompletas no nos han servido de mucho. Se nos ha enseñado que Dios nos ama y nos perdona, ¡pero después nos dejan con hábitos de pecado que de alguna manera nunca hemos sido capaces de abandonar! ¡Y esto nos desanima!

Esto me llevó a clamar a Dios un día: "¡Este sistema no funciona!"

No obstante, Dios ha sido muy paciente conmigo.

Pero Dios quiere que sepa que hay "mucho más" de lo que usted tiene por la muerte de Jesús, ¡se le dará restauración a través de su vida! ¡Ahora es libre para recibir la vida de Cristo!

¡Espero que quede completamente claro que la vida de Cristo no puede ser impartida a menos que usted primero participe por fe en su muerte! Porque estaría todavía bajo culpa y condenación, y sin embargo anhelando la vida al mismo tiempo.

Terminaría en esta extraña dualidad —esta doble propensión— en que está sentado en la iglesia y escucha los sermones, e incluso puede hablar acerca de la segunda venida, y entonces salir y volver a los mismos viejos caminos de pecado una y otra vez.

Este no es el plan de Dios para nosotros.

Repaso del capítulo

1. ¿De qué manera puedes ser una persona pacífica?

2. ¿Qué deberían enseñar todas las doctrinas bíblicas, y por lo tanto las doctrinas de la iglesia?

3. ¿Cuál debería ser la razón de la existencia de toda iglesia?

4. Describa la diferencia entre fe y sentimientos.

5. ¿Por qué Jesús se sometió a ser tratado como nosotros nos merecemos?

6. ¿De qué manera responde Dios cuando no puedes centrarte diariamente en las Buenas Nuevas de la cruz?

7. ¿Cómo puedes comenzar a tener una experiencia consistente de confianza y seguridad en tu vida?

8. Tan importante como el hecho ya concluido de la cruz de Cristo es, ¿de qué se trata lo "mucho más" que Dios te ofrece más allá de la cruz?

9. ¿Cuál es la condición para recibir "mucho más"? ¿Por qué es necesario?

CAPÍTULO CATORCE

Bautismo, muerte y vida

¿Sabe de qué se trata el bautismo? Es llegar a un punto en el que está dispuesto a reconocer públicamente que fue su pecado el que Cristo cargó sobre sí, y su muerte la que él experimentó. Jesús fue un Hombre puro y justo, y esto es lo que reconocemos en el bautismo.

Reconocemos no solo que morimos en su muerte; sino también que ahora vivimos en su vida resucitada. Esto es lo que hemos estado diciendo en todas estas páginas: que nuestra salvación es tanto un hecho consumado como un proceso continuo. Por lo tanto, el bautismo es la ocasión para declarar su absoluta identificación con la muerte y la resurrección de Jesús.

Sería muy malo si alguna vez se llegara a convertir en sólo una ocasión en que uno acepta un conjunto de doctrinas y se une a la iglesia. ¡Qué tragedia sería! ¡Si tan solo estuviéramos tan preocupados por conducir a las personas a la comprensión de la muerte y la resurrección de Jesús como a veces parecemos estarlo para que las personas reciban todas las doctrinas correctas! Todas estas cosas se solucionarían por sí mismas, porque si verdaderamente ha llegado a comprender la salvación, entonces para el momento en que es bautizado en Cristo, ya ha recibido la mente de Cristo, y está abierto a todo lo demás que quiere que usted sepa y crea. Es fácil comenzar la casa por el tejado.

Espero que tenga su Biblia abierta junto a usted al leer este libro. En este momento, me gustaría volver a 2 Corintios 5:21: "Al que no conoció pecado, por nosotros lo hizo pecado, para que nosotros fuésemos hechos justicia de Dios en él".

¿Por qué Jesús murió y se hizo pecado a la vista de su Padre? ¡Para que fuésemos hechos justicia!

Hay demasiadas personas que no tienen idea de lo que significa entrar en la salvación. Piensan que significa: "Bien, finalmente voy a poder ir al cielo y vivir para siempre...". La vida eterna ciertamente está incluida en nuestra salvación, pero la salvación no es algo para lo que debamos esperar; algo distante en el futuro. No, ¡salvación significa entrar ahora en la vida de Cristo!

El primer uso del Nuevo Testamento de la palabra *salvación* está en Mateo 1:21: "Y dará a luz un hijo, y llamarás su nombre Jesús, porque él salvará a su pueblo de sus pecados".

"*De* sus pecados". No obstante, muchos parecen creer que el versículo dice: "*en* sus pecados". Estoy hablando en serio. Una gran cantidad de personas aparentemente creen esto.

LIBERADOS

¡La salvación significa ser liberados del pecado! ¡Esto es lo que significa ser salvado!

Pero si alguien le dice: "¿Usted es salvo?", ¿en qué ellos piensan? Si va a ir al cielo. Si vivirá por siempre y para siempre; casi sin importar lo que haga.

No obstante, Jesús murió para que "nosotros fuésemos hechos justicia de Dios en él".

Todo el propósito de su muerte fue abrirnos las puertas para que seamos restaurados a la justicia; ¡la justicia que el pecado nos había robado! Esto es lo que significa salvación. Entra en la vida, y esa vida está en el Hijo. "Y este es el testimonio: que Dios nos ha dado vida eterna; y esta vida está en su Hijo. El que tiene al Hijo, tiene la vida; el que no tiene al Hijo de Dios no tiene la vida" (1 Juan 5:11, 12).

Si tiene a Cristo en usted, ¡tiene *su vida*! Ya no será más esclavo del pecado. Dios lo restaurará a la justicia. ¡Esta es su promesa! El único problema es que no es instantáneo; es un proceso continuo en nuestra vida.

No sé cuántas personas se han quedado boquiabiertas cuando comenzaron a darse cuenta de que la salvación no es un privilegio que anda dando vueltas por el cielo. Efectivamente, es una experiencia terrenal y real. La vida eterna es una realidad presente, porque ¡esa vida está en el Hijo! Por lo tanto, el que tiene al Hijo, ¡tiene esta vida! ¡Por eso es que tenemos que dedicar todos los días de nuestras vidas abrazando la muerte y la vida de Cristo! No necesitamos tratar de mejorar, porque la única manera de mejorar es tener a Cristo. No existe otra manera. ¡No hay otro poder, o nombre, que sea capaz de mejorarnos! "Y en ningún otro hay salvación; porque no hay otro nombre bajo el cielo, dado a los hombres, en que podamos ser salvos" (Hechos 4:12). Y salvo significa transformado, restaurado a la justicia, que se nos ha dado la clase de vida que realmente puede perdurar.

Imagínese qué pasaría si Dios nos llevara al cielo en este mismo momento, donde reina el altruismo absoluto; donde el amor puro está a la orden del día. Ahora bien, Dios es misericordioso. El ladrón en la cruz no tuvo tiempo, así que tendrá el privilegio de crecer en el cielo. Dios sabe que este es un proceso que a algunos de nosotros nos lleva toda la vida. E incluso nos miramos y nos damos cuenta de cuán poco de su gloria tenemos aún.

Una de las cosas más maravillosas que he leído en la Biblia es una declaración de Efesios. Constantemente vuelvo a ella y me recuerdo: esto es lo que Dios nos está prometiendo. En Efesios, capítulo 3, se encuentra uno de los pasajes más bellos del Nuevo Testamento; acerca de la anchura, la longitud, la profundidad y la altura del amor de Dios.

Estoy considerando Efesios 3, versículos 17 al 19. ¡Qué increíble pasaje es este!:

> Para que habite Cristo por la fe en vuestros corazones, a fin de que, arraigados y cimentados en amor, seáis plenamente capaces de comprender con todos los santos cuál sea la anchura, la longitud, la profundidad y la altura, y de conocer el amor de Cristo, que excede a todo conocimiento, para que seáis llenos de toda la plenitud de Dios.

Casi me desmayé cuando leí por primera vez esto. Me dije: "No puede ser".

Dios me está ofreciendo la plenitud. Tengo que confesar que tengo dificultades para manejar unas pocas gotas de la santidad de Dios cuando se me revela. Y me está ofreciendo la plenitud; ¡la plenitud!

En otras palabras, puede ser tan amante como lo es Dios, porque es realmente Dios que ama por intermedio de usted.

Puede ser tan perdonador como lo es Dios. Es un milagro, ¡porque es Jesús el que está perdonando por intermedio de usted! Y ¿cuánto perdón hay en el corazón de Jesús? Mire Lucas 23:34: "Y Jesús decía: Padre, perdónalos, porque no saben lo que hacen. Y repartieron entre sí sus vestidos, echando suertes".

Jesús dijo estas palabras: "Padre, perdónalos, porque no saben lo que hacen", ¡después de haber sido clavado a la cruz!

Elena de White, la prolífica escritora cristiana del siglo XIX, escribió estas palabras inspiradoras y pertinentes en *La historia de la redención*, página 230:

> El Señor no formuló queja alguna; su rostro seguía pálido y sereno, pero grandes gotas de sudor perlaban su frente. No hubo mano piadosa que enjugara de su rostro el rocío de la muerte, ni palabras de simpatía e inmutable fidelidad que sostuvieran su corazón humano. Estaba pisando totalmente solo el lagar, y del pueblo nadie estuvo con él. Mientras los soldados llevaban a cabo su odiosa tarea, y él sufría la más aguda agonía, oró por sus enemigos: "Padre,

perdónalos, porque no saben lo que hacen" (Luc. 23: 34). Esta oración de Jesús por sus enemigos abarca al mundo, pues se refiere a cada pecador que habrá de vivir hasta el fin del tiempo.

¿Podemos tener ese perdón?

Voy a repetirle que no hay poder sobre toda esta tierra que pueda generar esta clase de cambio en un corazón humano. Puede asistir a todos los seminarios de autoayuda, ir a todas las sesiones de psicoterapia, probar todo lo que este mundo tiene para ofrecerle, pero eso no cambiará su corazón. Pero deje que Jesús habite en su corazón por fe, a través del Espíritu Santo, y en un momento, tendrá la mente de Cristo.

Pedro lo dijo tan maravillosamente:

Gracia y paz os sean multiplicadas, en el conocimiento de Dios y de nuestro Señor Jesús. Como todas las cosas que pertenecen a la vida y a la piedad nos han sido dadas por su divino poder, mediante el conocimiento de aquel que nos llamó por su gloria y excelencia, por medio de las cuales nos ha dado preciosas y grandísimas promesas, para que por ellas *llegaseis a ser participantes de la naturaleza divina*, habiendo huido de la corrupción que hay en el mundo a causa de la concupiscencia (2 Pedro 1:2-4; énfasis añadido).

¡Es Dios –*su propia gloria y su bondad*– en nosotros!

Tendrá los pensamientos más elevados. Experimentará los sentimientos más profundos. Sentirá el amor más sublime. Pasará por la experiencia más increíble de confesión, arrepentimiento y perdón. Y lo compartirá con otros, porque Cristo estará en usted.

Cuando Cristo está en usted, la Biblia dice que puede considerarse "muerto al pecado, pero vivos para Dios" (Romanos 6:11). Lo más difícil del mundo es escoger creer cuando todas las evidencias señalan en la dirección contraria. Porque, nos guste o no, sentimos que el pecado nos atrae de alguna manera. ¿Todos podemos decir que esta declaración es verdadera?

LA ATRACCIÓN INTERIOR AL PECADO

Creo que va sentir la atracción interior al pecado hasta que el Señor venga, y no es realista esperar que no sienta propensión a pecar. De hecho, la Palabra expresa que los que entran en el reino espiritual y nacen de nuevo del Espíritu sienten la atracción del pecado más intensamente que las personas que son carnales por naturaleza.

El pecado no solía molestarme en lo más mínimo. Las personas que nacen del Espíritu y están caminando en la vida espiritual perciben y sienten la presencia interior del pecado mucho más intensamente que las personas que no están en la vida espiritual.

Por esto es que, cuando uno contempla la ley de Dios, se siente condenado, porque ve la santidad de Dios, y esto muestra su propia pecaminosidad.

No, el pecado no solía molestarme. ¡Generalmente me gozaba en él! Pero entonces llegó la ley, y me contemplé en ella, y morí. Así es como Pablo lo dice en Romanos 7:9-13:

> Y yo sin la ley vivía en un tiempo; pero venido el mandamiento, el pecado revivió y yo morí. Y hallé que el mismo mandamiento que era para vida, a mí me resultó para muerte; porque el pecado, tomando ocasión por el mandamiento, me engañó, y por él me mató.

> De manera que la ley a la verdad es santa, y el mandamiento santo, justo y bueno. ¿Luego lo que es bueno, vino a ser muerte para mí? En ninguna manera; sino que el pecado, para mostrarse pecado, produjo en mí la muerte por medio de lo que es bueno, a fin de que por el mandamiento el pecado llegase a ser sobremanera pecaminoso.

Lo que Pablo realmente dice es que la ley hizo su pecado todavía más pecaminoso. Lo magnificó. Le mostró cuán pecaminoso era en realidad su pecado en contraste con la santidad de Dios.

Así que si está esperando no sentir más la propensión y la

atracción interior del pecado, tengo noticias que darle. Está en el camino equivocado. Lo va a sentir más intensamente que nunca.

Finalmente, un día, clamará con el apóstol. "De manera que ya no soy yo quien hace aquello, sino el pecado que mora en mí. [..] Y si hago lo que no quiero, ya no lo hago yo, sino el pecado que mora en mí" (versículos 17, 20).

"¡No soy yo! –dijo–. Es el pecado que vive en mí. No soy yo, Dios; ¡es el pecado que mora en mí".

Dios lo entiende. Esta es una de las razones por las que le dio a Jesús la misma carne que tenemos:

> Así que, por cuanto los hijos participaron de carne y sangre, él también participó de lo mismo, para destruir por medio de la muerte al que tenía el imperio de la muerte, esto es, al diablo (Hebreos 2:14). Porque lo que era imposible para la ley, por cuanto era débil por la carne, Dios, enviando a su Hijo en semejanza de carne de pecado y a causa del pecado, condenó al pecado en la carne (Romanos 8:3).

Después que la raza humana había sido debilitada por 4.000 años de pecado, Jesús *entonces* adoptó el cuerpo de un ser humano. Piense en ello.

Por esto es que Jesús siente lo que sentimos. Es muy alentador para mí saber que Jesús tuvo un cuerpo humano real, pero fue sin pecado. Cuando me di cuenta de que Jesús había tomado el mismo cuerpo físico que yo tengo, fue la primera vez en mi vida que comencé a considerar que el pecado realmente no es algo físico. Pecado es estar en un estado de rebelión contra Dios, que se manifiesta en hechos físicos (pecados). Jesús explicó esta verdad de la siguiente manera:

> Oísteis que fue dicho: No cometerás adulterio. Pero yo os digo que cualquiera que mira a una mujer para codiciarla, ya adulteró con ella en su corazón (Mateo 5:27, 28). Porque de dentro, del corazón de los hombres, salen los malos pensamientos, los adulterios, las fornicaciones,

los homicidios, los hurtos, las avaricias, las maldades, el engaño, la lascivia, la envidia, la maledicencia, la soberbia, la insensatez (Marcos 7:21, 22).

Llega un punto en nuestro crecimiento espiritual, dice la Biblia, en que podemos considerarnos muertos al pecado. ¡Pero aparentemente eso no significa que no sentiremos la presencia del pecado en nuestro interior! Descubramos lo que esto significa.

Ahora démosle una mirada a Romanos 6:6: "Sabiendo esto, que nuestro viejo hombre fue crucificado juntamente con él, para que el cuerpo del pecado sea destruido, a fin de que no sirvamos más al pecado".

Nuestro viejo yo, crucificado con Cristo. Y esto hace surgir una cuestión. ¿En qué punto de la vida cristiana esto se convierte en una realidad? ¿En qué punto realmente podemos afirmar esto?

Pablo nos da la respuesta en este capítulo, y esto debe preceder al "*sabiendo esto*" del versículo 6:

¿O no sabéis que todos los que hemos sido bautizados en Cristo Jesús, hemos sido bautizados en su muerte? Porque somos sepultados juntamente con él para muerte por el bautismo, a fin de que como Cristo resucitó de los muertos por la gloria del Padre, así también nosotros andemos en vida nueva. Porque si fuimos plantados juntamente con él en la semejanza de su muerte, así también lo seremos en la de su resurrección (versículos 3-5).

Así, la comprensión del bautismo puede indicarnos una respuesta. Porque algunas personas quizá esperan que en el bautismo ocurra *su propia* muerte; la muerte de su antigua naturaleza. Pero el bautismo es la ocasión en que es bautizado en la muerte de *Cristo*. Y si está siendo bautizado en su muerte, ¿qué es lo que debería comprender por sobre todo lo demás?

¡La cruz! ¡La expiación! ¡El significado de su muerte!

Porque en ocasión de su bautismo, ¡ha llegado al punto en que ha sido convencido de la muerte de Jesús y sus increíbles beneficios para usted! Este es el punto en que debería avanzar hacia el bautismo, porque está dispuesto ahora a ser bautizado en su muerte.

Nuevamente, es por medio de la aceptación de su muerte que estamos abiertos a recibir su vida. Pero a veces es una tarea difícil hacer que las personas se centren en la muerte de Cristo, que se queden fuera del cuadro y que vean cuán misericordioso ha sido Dios en Cristo; para que ahora Dios pueda habitar en ellos y hacer realidad todo lo que han deseado desde un comienzo: una vida santa y pura para la gloria de Dios.

Porque Dios no le pasa un barniz exterior. No va a mejorar lo que es. ¡Va a entrar y recrearlo y restaurarlo a su imagen! Y le tengo noticias. Puede ser un proceso doloroso, pero una experiencia muy gozosa.

Todo esto es nuestro, ¡por la fe!

Repaso del capítulo

1. ¿Qué declara públicamente cuando es bautizado? ¿De qué manera esto está asociado con su experiencia de salvación?

2. ¿Cuál es el verdadero significado de la salvación? ¿Qué sucederá cuando en verdad entienda esto?

3. ¿Por qué Jesús murió y se hizo pecado ante la vista de Dios? Ver 2 Corintios 5:21.

4. ¿Cómo es liberado del pecado? ¿Cómo posee vida eterna ahora como una realidad presente? 1 Juan 5:11, 12; Hechos 4:12.

5. ¿Cuál es la única manera en que su corazón puede ser cambiado? ¿Cómo puede tener la plenitud de Dios ahora

y llegar a ser amante y perdonador como él lo es? Efesios 3:14-19; 2 Pedro 1:4.

6. ¿Qué le sucede a la atracción interior del pecado cuando se traslada al reino espiritual?

7. ¿Cuál es la relación entre la ley de Dios y el sentido de pecado para una persona que ha nacido del Espíritu? Romanos 7:9-13.

8. ¿De qué manera describe el autor el *pecado,* que trae como resultado hechos físicos (*pecados*)?

Pregunta para reflexionar

¿De qué manera ha cambiado su comprensión del bautismo a la luz de Romanos 6:3-6?

CAPÍTULO QUINCE

Abrazando el cuerpo de Cristo

¿Cuál es la base de nuestra paz?

Ya lo descubrimos en Romanos 5:1: "En consecuencia, ya que hemos sido justificados mediante la fe, tenemos paz con Dios por medio de nuestro Señor Jesucristo" (NVI).

La paz no depende de mi sinceridad con Dios. Al contrario, tengo paz por el hecho establecido de que fuimos "justificados", por tanto ahora soy capaz de ser sincero, abierto y honesto. No es a la inversa.

Al ser sinceros, no convencemos a Dios de que sea generoso con nosotros. *Porque* Dios es generoso con nosotros en la condición en la que nos encontramos −esta condición de desesperación, debilidad e impiedad− es que somos capacitados para ser sinceros.

Cristo está ofreciendo entrar, a través del Espíritu, y producir cambios desde nuestro interior. No nos está ofreciendo mejorar nuestro desempeño. Nos está ofreciendo realmente entrar y habitar en nosotros.

Algo que me encanta acerca de Dios es su capacidad de

encarnarse en carne humana. Siempre que visita la tierra, siempre toma carne humana.

Jesús vino a la tierra; tomó sobre sí la carne humana. El Espíritu Santo vino a la tierra; habitó en carne humana. Es la especialidad de Dios. Se especializa en la encarnación.

Usted realmente puede ser participante de la naturaleza divina. Puede tener a Dios en usted. Y no hay poder comparable a este en todo el universo: tener la divinidad dentro de usted. Tener a Dios es algo transformador, apabullante, que cambia la vida y trae poder, porque está llevando en usted a uno que, en carne humana, venció el pecado y al diablo. ¡Se está vistiendo de él!

Ahora, cuando los creyentes verdaderamente comienzan a creer, se llenan de un deseo de declarar esto. El bautismo siempre tuvo la intención de ser algo público, porque en ese momento, cuando está dispuesto a declararlo públicamente, está diciendo: "Estoy listo para conectarme con el cuerpo de Cristo y para desempeñar una función allí".

Por tanto, la entrada en el cuerpo de Cristo siempre ha sido por medio del bautismo, y la respuesta de Dios al bautismo siempre ha sido la unción del Espíritu.

Estaba en Australia poco tiempo atrás, y uno de mis sobrinos –anciano en una de las Iglesias Adventistas de ese lugar– llegó y dijo:

—Mira, tengo esta joven pareja, que tienen poco más de treinta años –dijo–. He estado estudiando con ellos, y desean ser bautizados. Le pregunté al pastor, y me dio permiso para hacer el bautismo.

Fue muy emocionante para mi sobrino, porque no había bautizado nunca. Pero por haber trabajado con esta pareja, el pastor le dijo que avanzara y que realizara el bautismo.

—Pero —me dijo—, ellos no quieren unirse a la iglesia.

Así que preguntó:

—¿Qué harías? ¿Los bautizarías?

—No, no lo haría –respondí–. Es interesante lo que te estoy

diciendo –agregué–, porque hubo un tiempo en mi experiencia en que probablemente lo hubiera hecho. Pero desde entonces, he crecido para comprender que el bautismo es el punto en nuestra vida en que nos sentimos listos para conectarnos con los demás que también han sentido que murieron con Cristo en su cruz y quieren llegar a ser una parte activa de su iglesia.

Así, conduje a mi sobrino a través de algunos de los grandes capítulos de las Escrituras. Por ejemplo, leímos Hechos 19, donde Pablo se acercó a los discípulos en Éfeso:

> Les dijo: ¿Recibisteis el Espíritu Santo cuando creísteis? Y ellos le dijeron: Ni siquiera hemos oído si hay Espíritu Santo. Entonces dijo: ¿En qué, pues, fuisteis bautizados? Ellos dijeron: En el bautismo de Juan (versículos 2, 3).

Pablo sabía que, en el bautismo, deberían haber recibido el Espíritu Santo, que es un ungimiento para el ministerio dentro de un cuerpo espiritual que ministra. Así, avanzó y los rebautizó. Les impuso las manos, y fueron comisionados para el ministerio. Los dones cayeron sobre ellos. Fueron puestos en actividad para el servicio.

Por tanto, le dije a mi sobrino: "Si bautizas a estas personas, y no llegan a formar parte del cuerpo espiritual, van a ir a sentarse en los bancos de la iglesia. Van a morir. Se van a atrofiar. No serán activos en el ministerio.

Ninguna persona tiene el ministerio; todo el cuerpo está en el ministerio. La mano no puede decir: "Estoy en el ministerio". Pero sí puede decir: "Formo parte de un cuerpo que está en el ministerio para la gloria de Dios". Es cuerpo de Cristo. Lo animo a leer 1 Corintios 12, donde Pablo hace una comparación excelente entre la diversidad de dones espirituales en el cuerpo de Cristo y la función de los miembros individuales de un cuerpo físico humano que funcionan como un todo.

Lo conduje a través de todo esto, pero él no me había dicho –y esto fue el viernes de noche– que estaba planeando bautizarlos al día siguiente. Hubiera preferido que me lo dijera, pero nunca mencionó este pequeño detalle.

De todas maneras, fue hasta esta pareja a la mañana siguiente y les dijo que no los bautizaría hasta que hubiera estudiado más con ellos. Y el próximo martes a la noche, cuando estaban en medio del estudio, les dijo:

—Entonces, ¿por qué *no* querríamos formar parte del cuerpo espiritual?

Así que se unieron al cuerpo en ocasión de su bautismo. Mi sobrino tuvo un gran crecimiento y fue una experiencia maravillosa.

Pero recuerde: realmente no puede crecer solo. No puede llegar a ser más bondadoso a solas. Por esto es que Dios nos lleva a su cuerpo, porque nuestra preparación para el ministerio crece al formar parte activa de un cuerpo. Y a medida que aprendemos a necesitarnos unos a otros y apreciamos la singularidad y los dones diferentes de los demás, crecemos en nuestra utilidad para Dios.

Dios es muy sabio en estos asuntos. Así que en cierto sentido, el verdadero crecimiento se da cuando llegamos a ser una parte útil del cuerpo. Porque el Espíritu, por supuesto, ha estado trabajando en nuestra vida para llevarnos a creer; e incluso cuando comenzamos a creer.

No obstante, algo concreto comienza a suceder en el momento en que tomamos partido, y lo declaramos y entramos en el cuerpo de Cristo; y el Espíritu nos unge. Aquí es donde comienza el verdadero crecimiento, desde mi experiencia, en la vida de las personas. He visto a personas que durante años no han podido despegar, y que finalmente tomaron partido, que de la noche a la mañana fueron liberados. Es emocionante.

Repaso del capítulo

1. ¿Qué nos capacita para tener paz y, al mismo tiempo, permanecer abiertos, honestos y sinceros con Dios?

2. ¿Qué es lo que significa "vestirse de Cristo"?

3. Bíblicamente, ¿de qué manera una persona se une al cuerpo de Cristo? 1 Corintios 12.

4. ¿Cuál será el resultado del bautismo? Hechos 19.

5. ¿Cuándo comienza el proceso continuo de salvación?

6. ¿De qué manera se interrelaciona esto en el momento de nuestro bautismo?

7. ¿De qué manera Dios nos hace crecer en nuestra utilidad para él en el ministerio?

Pregunta para reflexionar

¿Ha experimentado una unción del Espíritu para el ministerio?

¿En verdad está conectado con el cuerpo de Cristo?

CAPÍTULO DIECISÉIS

Un cambio interno radical

Lo que tenemos a través de la muerte de Jesús es un hecho establecido. Es nuestro; y no tenemos que hacer nada para ganarlo. Nos ha sido otorgado como un regalo absolutamente gratuito. Muchísimas bendiciones increíbles son nuestras a través de la muerte de Jesús: el perdón, la justificación, la reconciliación, haber despojado a nuestro enemigo de todo su poder (solo tenemos que mencionar el nombre de Jesús, ¡y el demonio huye de nosotros!) y nuestra redención.

Todas estas cosas y más son nuestras. Podemos reclamar todos estos beneficios.

Pero la palabra *salvación* siempre está unida a la recepción de la vida de Cristo, porque la salvación es dinámica. Como lo hemos señalado tantas veces: es tanto un hecho consumado como un proceso continuo.

Voy a decirlo nuevamente: la vida de Cristo es dada solo a los que, por fe, se aferren del amor de Dios regalado a ellos en el ofrecimiento sacrificial de su Hijo.

Cuando nos aferramos de esto por fe, ¡Dios promete habitar en nosotros! Puede creer esto. Puede ir y actuar como una persona que tiene a Dios en usted. Pero quiero advertirle: es peligroso dejar que Dios habite en usted. Es mucho más seguro mirar la cruz y decir: "Sí, debe haberme amado. Mira lo que ha hecho".

Pero si va a dejar que él viva en usted, se trata de algo íntimo. Porque la presencia del Dios viviente dentro de usted desafía sus pensamientos, sus sentimientos, sus acciones, sus actitudes. Nada queda sin ser tocado cuando deja que el Dios viviente viva en usted.

Por lo tanto, le digo a las personas: "Evalúen el costo antes de dejar que Dios viva en ustedes, porque no los dejará como los encontró".

Los refinará, los restaurará, los sustituirá, los cambiará. Los esculpirá. Los moldeará. Incluso permitirá que sufran pruebas y tribulaciones solo para llevarlos al punto en que pueda revelárseles plenamente. Es así de misericordioso; ¡y usted gritará y pataleará! Al menos lo hará si se parece en algo a mí. Dos veces en mi vida realmente tuve que decirle a Dios: "¡Detente, por favor! Ya no puedo soportar tanto estrés. Prometiste que no seríamos tentados más de lo que podemos soportar, y te quiero avisar justo ahora que no puedo soportarlo más, ni siquiera otra hora más. Tienes que reducir esta presión sobre mí si quieres seguir teniéndome como un hijo amante y obediente".

Le avisé seriamente a Dios, porque le dije: "Estoy en peligro. Ya no puedo soportarlo más".

DARLE PERMISO A DIOS

Aparentemente, hay límites que todos tenemos. Poseo un umbral de dolor elevado, así que para llegar a un punto en que realmente le dije a Dios: "¡Ya no puedo resistirlo!", tiene que haber sido un nivel de dolor increíblemente alto.

Dios es tan misericordioso como prometió que sería:

No os ha sobrevenido ninguna tentación que no sea humana; pero fiel es Dios, que no os dejará ser tentados más de lo que podéis resistir, sino que dará también juntamente con la tentación la salida, para que podáis soportar (1 Corintios 10:13).

Se detuvo y apagó el fuego, y las cosas volvieron a la normalidad. Fui capaz de recobrar mi aliento y avanzar.

"Gracias, Dios, por hacerme esto –le dije a Dios–. No es que esté dudando o algo por el estilo; solo que ya no podía controlar este estrés".

Dios es así de misericordioso. Es muy comprensivo, pero le di permiso para hacer lo que fuere necesario para limar las aristas de mi vida.

En esa oportunidad, realmente me dijo:

–¿Estás seguro de que sabes lo que estás haciendo al darme esta clase de permiso?

–¡Sí! –le respondí–. Realmente deseo que limes mis asperezas. Quiero que las áreas débiles de mi vida sean erradicadas.

Él dijo:

–¡Muuuuy bien!

Y volvió a aumentar la llama. Es decir, es como si me estuviera chamuscando, pude sentir las llamas que me devoraban. Finalmente, solo dije:

–¡Detente, por favor!

–Muy bien –dijo–, pero fuiste tú el que me dio permiso.

–Lo sé –respondí–, pero quiero retirártelo por el momento.

Ahora estoy volviendo al punto en que estoy comenzando a darle cada vez más permiso. Pero él es tan bueno, que le dará un respiro si usted quiere y lo necesita; un momento solo para recuperar el aliento, hacer una reevaluación y volver a avanzar.

He descubierto que Dios es muy comprensivo en estos asuntos, pero es un riesgo dejarlo actuar.

Con mucha frecuencia hago una "oración de crisis" en favor de los demás, pero le digo a Dios: "Mira, me gustaría que provoques una crisis en la vida de esta persona, pero voy a confiar en ti en relación con la intensidad de la crisis, porque sabes lo que necesitan mejor que yo. Todo lo que sé es que no se está regocijando en ti ni en tu gracia por el momento, y me gustaría ver eso".

Incluso le he dado permiso a Dios para que genere una crisis en la vida de todos mis hijos, por ejemplo, solo para que ellos pudieran profundizar su relación con él y aferrarse más fuertemente de él.

Uno de mis hijos realmente me llamó un día y me rogó que dejara de orar. Le dije:

—Está bien, le pediré que te dé un respiro.

Pero Dios fue misericordioso. Él generó crisis en la vida de todos mis hijos y, poco a poco, he visto que ellos fortalecieron su relación con él. Y si alguna vez llegué a un punto de preocupación con uno de ellos, hice esta oración nuevamente.

Dios está mucho más interesado que nosotros en el crecimiento de nuestros hijos, porque quiere tener el privilegio de estar con ellos por la eternidad. Y sabe, mucho mejor que nosotros, lo que significa vivir en la presencia de un Dios santo.

¿No fueron los hijos de Aarón los que, mientras servían en el templo como sacerdotes, no utilizaron la clase apropiada de incienso y fuego al comparecer ante Dios? ¡Y fueron consumidos inmediatamente!

Nadab y Abiú, hijos de Aarón, tomaron cada uno su incensario, y pusieron en ellos fuego, sobre el cual pusieron incienso, y ofrecieron delante de Jehová fuego extraño, que él nunca les mandó. Y salió fuego de delante de Jehová y los quemó, y murieron delante de Jehová (Levítico 10:1, 2).

Uza, con la mejor de las intenciones, extendió su mano para sostener el arca cuando ésta estaba cayendo del carro; y fue destruido instantáneamente.

Pusieron el arca de Dios sobre un carro nuevo, y la llevaron de la casa de Abinadab, que estaba en el collado; y Uza y Ahío, hijos de Abinadab, guiaban el carro nuevo. Y cuando lo llevaban de la casa de Abinadab, que estaba en el collado, con el arca de Dios, Ahío iba delante del arca. Y David y toda la casa de Israel danzaban delante de Jehová con toda clase de instrumentos de madera de haya; con arpas, salterios, panderos, flautas y címbalos. Cuando llegaron a la era de Nacón, Uza extendió su mano al arca de Dios, y la sostuvo; porque los bueyes tropezaban. Y el furor de Jehová se encendió contra Uza, y lo hirió allí Dios por aquella temeridad, y cayó allí muerto junto al arca de Dios (2 Samuel 6:3-7).

¡No se puede tocar la santidad con manos impuras! Dios estaba tratando de enseñarle esto a su pueblo. Mire lo que sucedió en el Monte Sinaí. Dios dio instrucciones estrictas cuando Moisés estaba sobre la montaña: "Laven sus vestiduras. Preparen su vida. Van a estar ante la presencia de un Dios santo. ¡No toquen el monte! Ni siquiera dejen que los animales vayan hasta el monte. ¡Es terreno santo! Sobre el monte está la presencia de Dios". Le recomiendo que lea toda esta historia en Éxodo 19.

Nosotros hemos de vivir ante la presencia de Dios. No obstante, muchos de nosotros –si en algo se parecen a mí– somos demasiado informales con respecto a comparecer ante la presencia de Dios.

Finalmente, se me ocurrió un día: Dios no está planeando volver a sembrar la semilla del pecado y de la rebelión en su reino, y si está en mí, no voy a ir allí. Y no será porque no me ama. Será una evidencia de que rechacé darle permiso para desarraigar el pecado y el orgullo de mí, por lo doloroso que es.

Si *es* doloroso, porque hemos vivido con él toda nuestra vida. Esa semilla de rebelión está en nosotros desde el nacimiento, y Dios quiere tener el permiso para arrancarla de raíz. No nos quiere forzar, pero utilizará las circunstancias para ayudar a que suceda. ¡Lo ama tanto, que no quiere pasar la eternidad sin usted!

Dios es totalmente inteligente en lo que respecta a la salvación. Conoce lo que le costó personalmente la expiación por el pecado. Y también conoce que todo el que abraza el sacrificio de Jesús realmente le está dando permiso ahora con el fin de hacerlo apto para vivir con él.

Usted obtuvo su pasaje a la eternidad con Dios pero ahora quiere darle la aptitud para gozar de lo que ese pasaje representa: el privilegio de vivir en la presencia de Dios.

Es una experiencia maravillosa estar bajo la gracia cada día de su vida. Tiene la presencia del Espíritu Santo viviendo en su interior. Es capaz de reclamar todas las bendiciones de lo que Cristo ha hecho *por* usted; y lo que quiere hacer *en* usted, a través de su Espíritu.

Y es una experiencia maravillosa hacer la declaración pública de fe del bautismo. El bautismo es la manera que el creyente tiene para decirle a Dios: "Creo verdaderamente que la muerte de Jesús realmente fue mi muerte para que mi pecado caiga sobre él. Estoy preparado para aceptar que fue mi pecado, no el suyo, lo que lo mató. Fue mi muerte la que sufrió, y estoy muy agradecido, Dios, de que hayas permitido que él lo cargue en mi lugar".

Y de paso, el bautismo debe ser renovado diariamente. ¿Cómo? A través de la unción diaria del Espíritu Santo. Realmente, este es un rebautismo cada día, porque Jesús nos enseñó por su propio ejemplo que el bautismo siempre tiene que ser del agua *y* del Espíritu. Solo necesita ir al agua una vez, pero necesita la unción del Espíritu cada día de su vida, que es la confirmación del hecho de que ha muerto con Cristo y ha resucitado con él. Esta es realmente una forma de rebautismo cada día.

AFIRMACIONES AUDACES

De acuerdo con Pablo, Ud. está ahora en condiciones –y esto como práctica diaria– de hacerle a Dios lo que parecen ser afirmaciones audaces, y todas estas son por fe.-

Veamos ahora Romanos 6:6 al 11:

Sabiendo esto, que nuestro viejo hombre fue crucificado juntamente con él, para que el cuerpo del pecado sea destruido, a fin de que no sirvamos más al pecado. Porque el que ha muerto, ha sido justificado del pecado. Y si morimos con Cristo, creemos que también viviremos con él; sabiendo que Cristo, habiendo resucitado de los muertos, ya no muere; la muerte no se enseñorea más de él. Porque en cuanto murió, al pecado murió una vez por todas; más en cuanto vive, para Dios vive. Así también vosotros consideraos muertos al pecado, pero vivos para Dios en Cristo Jesús, Señor nuestro.

Este es un pasaje muy significativo. Lo que leemos aquí ahora ha de llegar a formar parte de nuestra experiencia diaria. Se ha acercado a la cruz. Ha confesado su creencia en la muerte de Jesús. Ha reclamado el privilegio de ser justificado –declarado justo, perdonado, reconciliado–; todos estos hermosos beneficios que Dios nos ha dado a través de la muerte de Jesús.

Ahora –y asegúrese de que está leyendo y comprendiendo este pasaje claramente–, vuelva y lea nuevamente el versículo 8: "Y si morimos con Cristo, creemos que también viviremos con él".

Es la recepción del Espíritu Santo en nuestra vida lo que hace posible esto. Así que puede reclamar para sí el versículo 11 cada día: "Consideraos muertos al pecado, pero vivos para Dios en Cristo Jesús".

Fe y sentimientos

Este es el paso de fe que debe dar después de haber ido a la cruz y haberle agradecido a Dios por lo generoso que ha sido por medio de la muerte de Jesús. Ahora tiene el privilegio –y note que es hacia donde Pablo mismo señala– de considerarse muerto al pecado. No tiene nada que ver con la forma en que se siente. Realmente puede estar sintiéndose gravemente tentado. Realmente puede estar sintiendo que algo dentro de sí lo arrastra hacia el pecado. Pero esto no es asunto de sentimientos; es un paso de fe. *Considérese* muerto al pecado.

Yo mismo quiero agradecerle por esto a Dios. Luego de haber contemplado la muerte de Jesús y de haber alabado a Dios por ello, entonces quiero dar este paso de fe y decir: "Gracias, Dios, porque hoy me considero muerto al pecado; y también me considero vivo para Dios. Soy tu hijo hoy. Y al dejar el hogar, ¿qué es lo que necesito? ¿Qué necesito para ser capaz de funcionar como tu hijo?"

"Muerto al pecado y vivo para Dios", ¿qué es lo que voy a necesitar para este nuevo día? Voy a necesitar el Espíritu Santo. Y si bien Dios se ha mudado a mi interior, me gustaría reforzar esto con Dios cada día: que como hijo de Dios que ya no es más esclavo del pecado sino que ahora es un hijo del Dios celestial, necesito que el Espíritu Santo habite en mí para poder funcionar y vivir todo este día.

Me gustaría animarlo a pensar en una promesa bíblica –o algunas promesas– de la que pueda echar mano para asegurarse de que le está dando permiso a Dios para que su Espíritu entre en su mente en ese momento. Dado que es un hijo de Dios, no se atrevería a dejar su casa sin el Espíritu del Dios viviente en su mente. Y no se circunscriba al libro de Romanos, aun cuando es allí donde nos estamos centrando.

Por ejemplo, cuando les he pedido a mis alumnos que buscan una promesa tal, estas son algunas de las que encontraron:

▶ Juan 14:16: "Y yo rogaré al Padre, y os dará otro Consolador, para que esté con vosotros para siempre". Y ese Consolador, por supuesto, es el Espíritu Santo.

▶ Salmos 51:10: "Crea en mí, oh Dios, un corazón limpio, y renueva un espíritu recto dentro de mí."

▶ Ezequiel 11:19: "Y les daré un corazón, y un espíritu nuevo pondré dentro de ellos, y quitaré el corazón de piedra de en medio de su carne, y les daré un corazón de carne".

▶ Filipenses 2:5: "Haya, pues, en vosotros este sentir que hubo también en Cristo Jesús". Por supuesto, esta es otra manera de pedir el Espíritu, porque el Espíritu es el que trae a Cristo a nosotros.

Cuando piense en esto, encontrará sus propias promesas del Espíritu Santo. Y es maravilloso adquirir el hábito de reclamar estas promesas cada nuevo día.

¿Recuerda la historia del encuentro de Jesús con Nicodemo?

"Respondió Jesús y le dijo: De cierto, de cierto te digo, que el que no naciere de nuevo, no puede ver el reino de Dios" (Juan 3:3).

Esto ciertamente confirma una gran verdad que hemos señalado continuamente a lo largo de estas páginas: la salvación es tanto un hecho consumado como un proceso continuo. Porque si la salvación fuera solo un hecho consumado por medio de la muerte de Jesús, y todo quedara allí –una idea que compró gran parte del cristianismo–, habría sido perdonado, habría sido justificado, habría sido reconciliado, habría tenido todas estas bendiciones, ¡pero *seguiría siendo un esclavo del pecado*!

Jesús murió –se hizo pecado por nosotros– para que podamos ser hecho justicia de Dios en él. Y esta es la experiencia de "nacer de nuevo". Este versículo increíble de Juan nos está diciendo que, si ha de ir al reino de Dios, necesita que lo hayan liberado de la culpa *ADEMÁS* de darle el privilegio ahora de rehacerlo, porque la salvación es un proceso dinámico en nuestra vida.

De paso, como parte de las Buenas Nuevas está la seguridad de que, si es cortado antes de alcanzar la plenitud de la madurez, tendrá el privilegio de crecer continuamente en el reino. El ladrón en la cruz, ¿cuánto tiempo tuvo para experimentar el "proceso continuo"? No tuvo una oportunidad para eso, pero no fue privado de lo que la muerte de Jesús le garantizaba. Si hubiera seguido viviendo, se le habría dado el Espíritu para crecer de muchas maneras en Cristo. Es muy importante conocer y darse cuenta de esto, y creerlo.

Puede confiarle a Dios el desenlace de su vida, ¿lo sabía? No tendrá que vivir con temor a esto, porque en Cristo es perfecto a cada paso del camino (ver Hebreos 10:14). Al igual que la flor que se está abriendo es perfecta a cada paso. La razón por la que esto es verdadero es porque su perfección está en él, no en usted.

Ahora déjeme compartir algo muy importante. Cuando recibe el Espíritu de Dios, él entra en su mente. Esta es la única parte del cuerpo humano con el que el Espíritu Santo se comunica directamente.

De otra manera, caería en la doctrina de la "carne santa", que realmente afligió un poco a los primeros adventistas, que creían que el Espíritu puede entrar en otras partes del cuerpo. Es una doctrina muy extraña, dado que la *mente* es la que es renovada. "No os conforméis a este siglo, sino transformaos por medio de la renovación de vuestro entendimiento, para que comprobéis cuál sea la buena voluntad de Dios, agradable y perfecta" (Romanos 12:2).

Aquí está otra maravillosa declaración de Elena de White de su artículo "Conversión genuina", de la *Review and Herald* del 7 de julio de 1904:

> Así, la levadura de la verdad trabaja secreta, silenciosa, invariablemente para transformar el alma. Las inclinaciones naturales son mitigadas y sometidas. Nuevos pensamientos, nuevos sentimientos, nuevos motivos son implantados.

Hay una gran confusión acerca de lo que nos hace "nuevos". Pero aquí se lo explica muy bien. Cuando entramos en nuestra nueva vida con Jesús, recibimos una nueva mente. Lo que Dios no puede darnos instantáneamente es el carácter. Al actuar sobre la base de nuevos pensamientos, nuevos sentimientos y nuevos motivos, el carácter de Cristo es formado en nuestro interior. Este es el significado de nacer de nuevo. Es su mente la que está siendo transformada.

"Hay, pues, en vosotros este sentir que hubo también en Cristo Jesús" (Filipenses 2:5).

"Sino transformaos por medio de la renovación de vuestro entendimiento, para que comprobéis cuál sea la buena voluntad de Dios, agradable y perfecta" (Romanos 12:2).

Me llevó años reconocer que con una nueva mente, ¡la voluntad de Dios ahora está en mi interior!

Y cuando esto es una realidad, ya no tengo más que luchar por hacer la voluntad de Dios. Haré su voluntad no porque *tengo que hacerlo*; ¡sino porque ahora, *Cristo en mí quiere hacerlo*!

Repaso del capítulo

1. ¿De qué manera es dinámica la salvación?

2. ¿Por qué podría ser "peligroso" pedirle a Dios que viva en usted?

3. ¿Qué es una "oración de crisis"?

4. ¿Cuál es el permiso que Dios necesita para que podamos pasar la eternidad con él?

5. ¿Qué es el bautismo del Espíritu? ¿De qué manera difiere del bautismo por agua?

6. ¿Qué afirmación audaz puede hacer cuando va a la cruz, abrazando la muerte de Jesús como su propia muerte al pecado? Romanos 6:6-11.

7. ¿Cuál es su única gran necesidad si ha de vivir y obrar como un hijo de Dios? ¿Qué de "nuevo" recibe cuando Dios suple esta necesidad? ¿Qué es lo que sucede cuando "nace de nuevo"?

8. ¿Cómo y cuándo ocurre la transformación del carácter?

Preguntas para reflexionar

¿Ha experimentado el "costo" de invitar a Dios para que viva en usted? ¿Qué cambios radicales ha hecho en usted?

¿Todavía es esclavo del pecado? ¿Qué nueva experiencia de victoria ha descubierto en este capítulo? ¿Ha encontrado una promesa específica para reclamar?

CAPÍTULO DIECISIETE

La mente de Cristo

La mente de Cristo en usted trae la voluntad de Dios a *su* mente. Elena de White lo dice tan bellamente en *El Deseado de todas las gentes*, página 621:

Toda verdadera obediencia proviene del corazón. La de Cristo procedía del corazón. Y si nosotros consentimos, se identificará de tal manera con nuestros pensamientos y fines, amoldará de tal manera nuestro corazón y mente en conformidad con su voluntad, que cuando le obedezcamos, estaremos tan sólo ejecutando nuestros propios impulsos.

Es uno de los privilegios más elevados de un ser humano en condición pecaminosa –quizá el más elevado– ¡recibir la mente de Cristo! Es Dios encarnado en usted, pero cuando entra en su interior, no hace todo por usted. No da cada pequeño paso que necesita dar.

Lo que hace es cambiar la parte más importante de su ser, que hasta entonces había sido esclava del pecado. Incluso no era siquiera capaz, realmente, de hacer algo diferente, porque *su* mente estaba bajo control. Pero ahora esta mente ha recibido nuevos pensamientos y nuevos sentimientos.

He conocido a personas que verdaderamente han tenido dificultades para experimentar nuevos sentimientos hacia alguien; hasta el punto en que incluso no podían perdonar. Pero con la mente de Cristo en usted, en verdad tendrá sentimientos diferentes, sin importar lo que alguien le haya hecho.

Ya hemos hablado del bautismo. Déjeme decirle que no hay nada milagroso en el bautismo.

"Mas a todos los que le recibieron –escribió Juan–, a los que creen en su nombre, les dio potestad de ser hechos hijos de Dios" (Juan 1:12).

No "a todos los que fueron bautizados", sino a los que creyeron en él y lo recibieron. No comienza a creer en el bautismo; la fe precede al bautismo. Pero en el momento en que ha llegado al punto del bautismo, ahora está listo para actuar sobre la base de su creencia y conectarse con el cuerpo espiritual de Cristo. Y está preparado para declarar su confianza públicamente y ahora está dispuesto a trabajar y desempeñar la tarea que Dios le ha encomendado.

Nunca sabrá cuál es esa capacidad o área especial a menos que entre en el cuerpo espiritual. Entonces lo sabrá. En el bautismo, demostramos públicamente nuestra convicción. Allí es cuando lo hacemos. Pero es una convicción que puede haber estado en nosotros por algún tiempo.

De esta manera, no estoy limitando el significado del bautismo. De ninguna manera. Pero la comprensión y el factor creencia ya estaban presentes. Solo las está exteriorizando en el bautismo, eso es todo. Ya es una realidad en su vida. Pero no quiero subestimar lo que sucede cuando se conecta con el cuerpo. Es en ese momento cuando el crecimiento realmente comienza a tomar lugar dentro de los creyentes.

Así, cuando comienza esta nueva vida de ser habitado por el Espíritu, ¿qué recibe como nuevo?

Nuevos pensamientos, nuevos sentimientos y nuevas motivaciones.

Ahora, déjeme compartir aquí una declaración que quizá sea lo más profundo que haya leído acerca del significado del nuevo nacimiento.

"Se traza una nueva norma del carácter: la vida de Cristo" (Elena de White, "Conversión genuina", *Review and Herald*, 7 de julio de 1904).

Cuando recibe la mente de Cristo, ahora es medido por la vida de Cristo. Hay una nueva medida –una nueva norma– en su vida. Ahora llega a estar sujeto a la ley del amor. Está en usted. Por esto es que estas cosas no se aplican a las personas que todavía no han nacido de nuevo. Por esto es que en las Escrituras, de paso, el término *malvado* se aplica a las personas que afirman haber nacido de nuevo, pero no muestran el fruto de ello. En el Nuevo Testamento, el término *malvado* nunca es utilizado para los paganos. En el ámbito humano, solo es usado para los *creyentes profesos* que no tienen realmente una conexión viva con Cristo.

El apóstol Pablo, por ejemplo, aplicó el término *malvado* a los "así llamados" hermanos de la iglesia que eran abiertamente inmorales:

> Por carta ya les he dicho que no se relacionen con personas inmorales. Por supuesto, no me refería a la gente inmoral de este mundo, ni a los avaros, estafadores o idólatras. En tal caso, tendrían ustedes que salirse de este mundo. Pero en esta carta quiero aclararles que no deben relacionarse con nadie que, llamándose hermano, sea inmoral o avaro, idólatra, calumniador, borracho o estafador. Con tal persona ni siquiera deben juntarse para comer. ¿Acaso me toca a mí juzgar a los de afuera? ¿No son ustedes los que deben juzgar a los de adentro? Dios juzgará a los de afuera. "Expulsen al malvado de entre ustedes" (1 Corintios 5:9-13, NVI).

Jesús, por el contrario, utilizó el término para describir a aquellos en el sistema religioso que se veían bien por fuera, pero por dentro eran corruptos. "Pero el Señor le dijo: Ahora bien, vosotros los fariseos limpiáis lo de fuera del vaso y del plato, pero por dentro estáis llenos de rapacidad y de maldad" (Lucas 11:39). Jesús también describe el destino de los malvados. "Así será al fin del siglo: saldrán los ángeles, y apartarán a los malos de entre los justos, y los echarán en el horno de fuego; allí será el lloro y el crujir de dientes" (Mateo 13:49-50).

Se traza una nueva norma en su vida cuando recibe la mente de Cristo. Y note lo que sucede:

"La mente es cambiada", continúa Elena de White en su artículo "Conversión genuina".

Si se parece en algo a mí, necesita tener ese cambio en su mente cada día. Porque si paso un día sin invitar a Dios a entrar en mi mente por fe, me encuentro volviendo a mis antiguos procesos de pensamiento. ¿Cree que también le sucede lo mismo? Y en poco tiempo podría volver completamente a mis propias formas de pensar y actuar.

CARNAL Y ESPIRITUAL

Existe una delgada línea entre ser carnal y espiritual. Cuando una persona carnal se rinde a Jesucristo y reconoce su desesperanza y debilidad para cambiar, entonces en un instante, Dios misericordiosamente se infunde en la mente humana, y tenemos nuevamente un milagro sobre la tierra. Tenemos una persona espiritual en un cuerpo carnal; un gran milagro.

Todo depende de la mente, porque en la mente está localizada la voluntad. Y todo, quiero decir *todo*, depende de ahora en más del uso correcto de la voluntad. Nos estamos sumergiendo en la "práctica" real de lo que sucede cuando uno nace de nuevo.

Así es que Dios no está morando en su interior y diciendo: "Está bien, ahora voy a hacer que hagas esto y aquello. Serás como una marioneta". De ninguna manera. Dios está renovando el centro de control de todo su ser. Y cuando él entre en su mente, será capacitado con nuevos pensamientos. Tendrá nuevos sentimientos. Será capaz de perdonar lo más imperdonable.

En una ocasión vi el perdón más imperdonable, cuando un hombre se paró en un seminario y dijo:

—No puedo esconderlo más.

–¿Qué? –le pregunté.

–Tengo que hacer una declaración –respondió–. Tengo la profunda convicción, y quiero anunciarle algo a todos, y a usted, pastor. Sé que en el momento en que hago esta declaración, tendrán que llamar a la policía, y que probablemente pasaré los próximos veinte años en prisión. Pero ya no puedo vivir con esto a cuestas. Tengo que tener esta nueva mente. No tengo paz.

Un momento verdaderamente dramático; y justo a la mitad del seminario.

Y este hombre se paró en público y confesó que había estado abusando sexualmente de la hija de una pareja que estaba asistiendo al seminario. Ahora, quedé desencajado. Probablemente sea el momento más dramático que haya vivido en un seminario. Y confesó con llantos y lágrimas. No recuerdo cuántos años tenía la niña; quizá 12 o 13.

–Lamento anunciar –continuó e identificó a la pareja en el seminario– que es su hija.

Los padres cayeron en la más increíble consternación. Me mantuve en silencio. Dios me cerró la boca y me dijo: "No digas nada".

–Me considero –siguió diciendo; y todavía puedo escuchar ahora sus palabras– uno de los especimenes más horribles y miserables de la humanidad. No me sorprendería que jamás puedan perdonarme. Lo entendería. Sé que voy a ser castigado. Legalmente, tendrán que llamar a la policía.

–Sí –afirmé–, lo haremos.

–No puedo vivir un día más con esto –agregó–. No estoy buscando excusarme. Yo mismo vengo de una familia de abusadores, pero esta no es excusa. Esta niña no tiene la culpa. Asumo toda la responsabilidad aquí.

Luego, dirigiéndose a los padres, preguntó:

–¿Podrían perdonarme en su corazón?

Y, por supuesto, todos mantuvieron el aliento y miraron a esta pareja que estaba abrazada. Se levantaron de sus asientos –esposo y esposa– y pasaron al frente. Creo que no he visto una mayor demostración de amor y perdón, y verdaderamente me dije en ese momento: "¿Podría haber hecho lo mismo?" Ya sabe, también tengo una hija. ¿Podría haber hecho lo que hicieron?

Los padres pasaron y se arrodillaron con este hombre y pusieron sus brazos sobre sus hombros, ¡y lo perdonaron! Hubo muchas lágrimas y arrepentimiento, y toda una gran cantidad de perdón que fluyó en ese momento particular.

El hombre fue convertido a través de esta experiencia. Todavía está en prisión, pero aparentemente está dando un increíble testimonio allí, por lo que estoy oyendo de él. Verdaderamente fue convertido en ese momento dramático del seminario, porque dos personas tuvieron la gracia de Dios en ellos para perdonar lo que muchos de nosotros consideramos que es imperdonable.

Posteriormente, les pregunté a los padres:

–¿Cómo pudieron hacer esto?

–Dios nos ha perdonado tanto –respondieron–. ¿Cómo podríamos negarle el perdón a él? Y ahora –agregaron–, debemos abordar la rehabilitación de nuestra hija.

Así que les dije:

–Quiero hacer una profecía ahora: por causa de la actitud de ustedes dos, su hija será totalmente sanada. Ella va a dejar esto en el pasado, va a resolver el problema y tendrá una vida normal. Esta es mi predicción, porque ella verá en sus propios padres la clase de amor y perdón que derretirá su propio corazón.

Efectivamente, me encontré con esta niña nuevamente. Quiero decir, ¡ella estaba alabando a Dios! Una hermosa niña. Usted estaría orgulloso de presentársela a su propio hijo, ¿sabe?

Y me dije: "¡Uau!"

Observé a esta niña y pude ver su salud y vitalidad. Y ella se paró y dio testimonio en una reunión que yo estaba conduciendo. Esto le arrancó lágrimas a todos, al contar que, al ver en sus propios padres tal amor y perdón, fue capacitada para abrazar por sí misma el amor y el perdón de Dios. Por supuesto, ella misma había cometido algunos errores, y aceptaba eso.

Y, nuevamente, pensé: "¡Uau!"

A veces, quizá sean nuestras propias actitudes las que privan a nuestros hijos de la cura y el ánimo de avanzar a pesar de las cosas terribles que puedan suceder en nuestra vida. Si usted es padre, no sé cómo fue (o es) criando a su hijo. Yo me ponía tan paranoico que ninguno de mis hijos pasaron una noche completa fuera del hogar en todo el tiempo en que estaban creciendo. Quiero decir, ¡ni una sola noche!

Así que mi corazón estaba sangrando por esta pareja. No obstante, a partir de esto vino la sanidad más profunda. ¿Y qué estaba demostrando esta gentil y humilde pareja? La mente de Cristo.

—Ah —dijeron—, sí, estamos muy apenados, y estamos gravemente heridos por este perjuicio que se le ha ocasionado a nuestra hija, pero esto no nos da el privilegio de condenar a este hombre.

Allí, realmente vi en acción la mente de Cristo. Pensé mucho en Jesús, cuando María Magdalena se allegó a él; y en cuán misericordioso fue con ella. Incluso dejó que ella lavara sus pies y los secara con su cabello. ¡Cuánta comprensión y capacitación debe haber recibido al saber que Jesús no la estaba tratando como una prostituta o una mujer de mala reputación! En lugar de ello, demostró que ella incluso podía cuidar de él. Jesús nos enseñó mucho acerca del perdón, ¿no es así? Incluso dejó que los más grandes pecadores se ocuparan de él, porque su corazón de amor los atraía hacia él.

Una vez que se viste de la mente de Cristo, se da cuenta de cuán lejos de él hemos caído muchos de nosotros. Pero no ofrecemos perdón incondicional a algunas clases de pecado en la actualidad. No lo hacemos.

Estaba predicando el sermón del sábado de mañana en un gran retiro en el Pacífico en el que 5.000 personas estaban sentadas en una gran carpa. En un área de la carpa, estaba sentado un joven. Unos cinco metros a la redonda estaba vacío, porque se había corrido la voz de que tenía Sida. Eran los primeros días del Sida, cuando había mucha confusión acerca de lo que realmente provocaba el Sida. Aquí estaba este muchacho –no tenía más de 21– sentado con un gran círculo vacío a su alrededor.

Estaba predicando acerca de la parábola del hijo pródigo que se encuentra en Lucas 15:11-32, y Dios me dijo: "Bien, tienes una oportunidad aquí".

Así que dejé el púlpito, caminé por la carpa, me senté junto a este joven, lo abracé y oré con él. Pienso que esto tuvo un impacto mayor que todo el sermoneo que había estado dando. Todavía se habla de esto.

Y le dije a las personas: "Saben, me vi forzado a hacer esto, porque Dios me ha perdonado mucho. ¿Cómo puedo ahora juzgar a un joven de quien no conozco nada acerca de los factores y las fuerzas que lo llevaron hasta este punto? Todo lo que sé es que necesita la gracia de Dios en este momento.

Y luego pregunté: "¿Es posible que algunos de nosotros nos hayamos convertido en el hermano mayor?"

Fue una maravillosa ilustración que Dios me dio; especialmente cuando estaba predicando acerca del hijo pródigo.

"Algunos de nosotros, ¿somos hoy el hermano mayor? –pregunté–. ¿Estamos ofendidos porque un joven está encontrando gracia, a pesar de lo díscolo de su vida? ¡Deberíamos estar regocijándonos!" El hermano mayor de la parábola estaba ofendido porque el padre estaba organizando una fiesta para su hermano menor. ¡Esto lo ofendió! ¡Pensaba que su hermano no se merecía una fiesta!

GRAN PECADO: GRAN GRACIA

Estas maravillosas palabras de las Escrituras me vinieron a la mente: "Pero la ley se introdujo para que el pecado abundase; mas cuando el pecado abundó, sobreabundó la gracia" (Romanos

5:20). Nunca verá una gracia mayor que donde hubo un gran pecado.

Así que nuevamente, ¿qué está recibiendo cuando recibe la nueva vida en Jesús? ¡Su mente en usted! Nuevos pensamientos, nuevos sentimientos, nuevos motivos. La mente es cambiada, pero; y aquí está la parte interesante de la declaración que hemos estado analizando: "Las facultades son despertadas para obrar en nuevas direcciones" (Elena de White, "Conversión genuina"). Aquí se está hablando de las facultades de la mente.

Considere otra vez lo que es nuevo: "nuevos pensamientos, nuevos sentimientos, nuevos motivos". En otras palabras, este es el cambio que ha entrado en mi mente. Pero las facultades también son despertadas para actuar en nuevas direcciones.

¿Cuáles son las facultades de nuestra mente?

La razón, la voluntad, todos los sentidos, la elección (es decir, la voluntad), las emociones, los apetitos, la satisfacción sexual; todas son facultades de nuestra mente. Cada parte de nuestro ser es controlado por medio de las diversas facultades de nuestra mente.

Ahora note lo que Elena de White *no* está diciendo. No está diciendo que las facultades son cambiadas. Está diciendo que son "despertadas para obrar en nuevas direcciones".

Es muy importante notar esto. Por ejemplo, mencioné la satisfacción sexual —el apetito sexual— como una facultad de la mente. Y conozco a jóvenes que se me han acercado y me han dicho:

—Tengo este deseo que se despierta en mi interior.

Y les he dicho:

—Bien, alaba a Dios, así es como te hizo. Deberías preocuparte si no lo estuvieras sintiendo, pero lo que *haces* con él determinará si glorificas a Dios o pasas toda tu vida buscando la autosatisfacción.

Así que cuando recibimos la mente de Cristo, esa facultad ahora es despertada para actuar en nuevas direcciones. Y ¿qué es lo que está haciendo posible que esa facultad particular actúe ahora de una forma nueva y diferente?

Tener la mente de Cristo, lo que significa que ahora, estaré contemplando cada facultad de mi mente –ya sea el apetito, la razón, la voluntad o la sexualidad– de manera diferente que antes. Ya he mencionado que, cuando miré por primera vez sin concupiscencia a una joven mujer, pensé: "¡Qué pensamiento original es este!"

Porque, tenga en cuenta, provengo del mundo. No fui criado en la iglesia. Y esa es la manera en que mirábamos a las jóvenes. Pero aquí hubo un nuevo pensamiento. No fue hasta años más tarde que me di cuenta de que este pensamiento tuvo que venir del Espíritu de Dios: que había otra forma de mirar a las jóvenes.

Para cada una de estas facultades, hemos estado operando con cierto conjunto de pautas en nuestra mente, pero cuando el Espíritu de Dios entra en nuestra mente, comenzamos a pensar en cómo pueden ser utilizadas de manera diferente para la gloria de Dios.

De modo que estos pensamientos no estaban en mí previamente, pero ahora están en mí, porque Dios ha entrado en mi mente humana y me ha dado una nueva forma de mirar algo que tenía el potencial para el bien pero que había sido usado para el mal.

Piense en las implicancias de este concepto al trabajar con los jóvenes. Podríamos estarles encima diciendo: "Esto está mal, y no deberían hacer esto ni aquello". Pero en cambio quizá deberíamos estar apuntando a la mente, para llevar a los jóvenes a tener la mente de Cristo, con el fin de que puedan ver todos los atributos de su ser como algo que tiene el potencial de glorificar a Dios.

Con la mente de Cristo en nosotros, esto es lo que es nuevo. Esto es lo que ahora es posible. Hay nuevos pensamientos y nuevas ideas en su mente, y es esta nuevamente la que los hace posible. ¿Y cuál será el resultado?

EL SIGNIFICADO DE LA SANTIFICACIÓN

Escuche el fin de nuestra declaración: "El hombre no es dotado de nuevas facultades..."

¿Lo vio? A diferencia de lo que piensa mucha gente, "el hombre no es dotado de nuevas facultades, sino que las facultades que tiene son santificadas" (Elena de White, "Conversión genuina").

Este es el significado de la santificación. Tiene lugar en las facultades de la mente humana. Las facultades son santificadas. No renovadas; santificadas.

Lo que necesita hacer es comenzar a actuar sobre esos nuevos pensamientos, esos nuevos sentimientos, esos nuevos motivos; a *actuar* a partir de ellos. Y cuando lo hace, esto despejará el camino para que el Espíritu fortalezca en su interior el deseo de permanecer dentro de estas nuevas direcciones de acción en lugar de en las antiguas direcciones.

FORMACIÓN DE HÁBITOS

Pero lo que no hemos podido reconocer, pienso, por mucho tiempo, es la formación de hábitos. Algunas personas, por ejemplo, nunca han establecido el hábito de ir a la cruz.

Así que ahora es el Espíritu Santo el que me está impulsando. Quizá es con respecto a cómo utilizo mis ojos. Y el Espíritu me está impulsando ahora a actuar en nuevas direcciones. Si tomo la decisión de ceder a este impulso y de actuar sobre esta base, entonces seré fortalecido para tomar la misma decisión la próxima vez.

Pero la próxima vez que me vea tentado a utilizar mis ojos a la manera antigua, ¿qué debo hacer nuevamente? Necesito volver a creer nuevamente. Necesito reconocer mi incapacidad de cambiarme. Necesito pedirle a Dios la mente de Cristo.

Una mujer vino hasta mí en medio de un seminario que estaba dictando. Hablando en su nombre y en el de esposo, me preguntó:

—¿Podríamos almorzar con usted hoy?

—Seguro —dije.

Conocía desde hacía varios años a esta pareja. Así que los tres nos sentamos afuera al sol, y ella me dijo:

—No puedo perdonar a mi esposo. No quiero entrar en detalles, pero no puedo lograr perdonarlo. Me odio por esto, pero no lo perdonaré. No puedo hacerlo.

Él estaba sentado allí, escuchando esto. Así que le dije:

—Bien, ¿te gustaría perdonarlo en los próximos dos minutos?

—¡No está en mí! —me aseguró.

—Esa no fue mi pregunta —le dije—. Pregunté si te gustaría perdonarlo en los próximos dos minutos.

Ella me miró y me preguntó:

—¿Piensas que podría?

—Todavía no estás respondiendo mi pregunta —insistí—. ¿Te gustaría perdonarlo en los próximos dos minutos?

—Bien, ¡sí! —respondió.

—¡Gracias! —dije—. Está bien, repite después de mí la oración que estoy por hacer.

Así que inclinamos juntos la cabeza. Estábamos sentados en esa mesa fuera de la iglesia, y le dije:

—Voy a orar contigo, y quiero que repitas cada palabra de mi oración:

"Dios, estoy en apuros. Profeso ser cristiana, pero ni siquiera puedo perdonar. Estoy tan desesperada. ¡Soy débil! No puedo cambiarme a mí misma. ¡Lo he intentado! Pero creo hoy, por fe, que a tu vista estoy justificada. No me estás mirando como a una gran pecadora. Me estás mirando como una gran santa, porque todos mis pecados cayeron sobre Jesús".

Ella repetía cada palabra.

"Y solo quiero alabarte por ser tan generoso conmigo. Y, ahora, crea en mí un corazón puro. Te doy permiso en este mismo momento para entrar en mi mente a través del Espíritu Santo para que traigas la mente de Cristo sobre mí. Y prometo que, sea cual fuere el pensamiento que venga a mi mente después de esto, actuaré según él".

Ella vaciló en este punto, así que lo repetí.

"Todo pensamiento que venga a mi mente cuando haya dejado de orar, lo llevaré a cabo".

Y ella finalmente lo dijo.

Así que terminé con: "Gracias. Amén".

Ella abrió sus ojos. Miró a su esposo, y la mujer que había llegado a la iglesia incapaz de perdonar a su esposo; bueno, ¡estoy seguro de que sabe lo que sucedió! Se acercó, y solo lo abrazó.

—Querido —le dijo—, ¿cómo pude haber actuado tan tontamente? Por favor, perdóname.

Y agregó:

—Te perdono.

Y entonces me dijeron:

—Mira, ¿te importaría si salimos un momento? Los dos se fueron tomados de la mano. Volvieron en una hora y estaban tan felices como dos personas podrían estarlo.

Ella vino y me dijo:

—¡Fue increíble!

—No —dije—, ¡fue Dios! Hiciste lo que los cristianos a menudo olvidan. Se pasan el tiempo quejándose por lo que no pueden hacer, se castigan y se golpean. Es mucho mejor comenzar a creer, volver a la cruz, alabar a Dios por lo que tienes en Jesús, ¡y darle permiso para que entre en tu mente!

Fluía tanto perdón de ella, que se pasó el tiempo pidiéndole a su esposo que la perdone.

—¡Se suponía que tú debías perdonarlo! —dije.

—No —respondió ella—, mi actitud fue tan reprochable, ¡que él es quien necesita perdonarme!

Había cambiado completamente. Dije:

—Es la mente de Cristo. No busca la autojustificación. Sencillamente busca la reconciliación, la unificación y el perdón, y que el amor entre.

Rendirse, no luchar

¿Por qué luchamos, cuando en realidad debemos rendirnos? ¿Por qué simplemente no nos rendimos y dejamos que la mente de Cristo entre en nosotros? Tendríamos todo su amor, su gozo, su paz, su perdón; todo sería nuestro.

No lo hacemos por una sencilla razón —y perciba esto cuidadosamente—; no lo hacemos porque *no hemos establecido el hábito de hacerlo*.

La mayoría de nosotros —cuando estamos bajo presión, cuando somos puestos a prueba, cuando somos tentados, cuando enfrentamos situaciones que están más allá de nuestra naturaleza humana normal (especialmente si nos hemos trasladado al reino espiritual)—, muchos de nosotros no pensamos en someter nuestra mente a Cristo, ser renovados y tener esta mente. No pensamos en regresar a la cruz y renovar nuestra creencia y nuestra confianza en lo que nos ha dado por medio de su muerte.

No hacemos estas cosas por la sencilla razón de que nunca hemos establecido el hábito de hacerlo. Preferimos más llorar y patalear, y aferrarnos a nuestras antiguas actitudes hasta que casi nos maten. Entonces, con desesperación, vamos en busca de algo de ayuda. No establecemos el hábito de ponernos en contacto con Cristo, para que su divinidad, mezclada con su humanidad, ¡nos ponga ahora en posesión de nuevos pensamientos!

¡Aquel fue un nuevo pensamiento para esta esposa! Casi parecía odiar a su esposo. No obstante, repentinamente —y yo estaba fascinado... le llevó diez segundos después de que abrimos los ojos—, ella lo miró, y lo vi en su rostro.

—¡Ah, ah! —pensé—. ¡Dios hizo lo que acostumbra hacer! ¡Le dio un nuevo pensamiento! Ella ama a su esposo. ¡Debería perdonarlo! Este es un nuevo pensamiento.

Entonces, Dios le dio el nuevo pensamiento de que quizá debería pedir perdón. Esto era en lo último que hubiera pensado. ¡Fue un nuevo pensamiento! Porque rindió su voluntad a Dios y le dio permiso para transformar su mente, las ideas de Dios aparecieron.

¡Cuántas dificultades en las iglesias podrían ser resueltas tan fácilmente! Tuve a dos mujeres en un seminario en el Medio Oeste que empezaron a pelearse a mitad del seminario ¡y comenzaron a tirarse del cabello! Solo me quedé allí parado, estupefacto, mirando cómo se arrancaban los pelos.

Así que interrumpí el seminario.

—Se pueden ir todos afuera —dije—. No hay nada que mirar aquí, ¿saben?

Me senté con estas dos mujeres:

—Ya saben, ahora vamos...

—¡No voy a hablar! —me interrumpió una de las mujeres—. ¡No la voy a perdonar! ¡Bla-bla-bla-bla!

Pero la otra mujer dijo:

—Sí, por favor, conversemos. No soy feliz con lo que estoy haciendo.

Así que, una mujer rindió su mente y miró a la otra y le dijo:

—Sabes, lamento que hayamos tenido este malentendido, y por mi parte en esto. Te pido perdón.

La otra mujer la miró. Nunca olvidaré ese momento. La otra mujer la miró y dijo:

—No te perdonaré mientras viva.

Y me dije: "Muy bien, las ovejas y los cabritos. Ambos en pecado. Pero uno está dispuesto a confesar y arrepentirse. La otra mujer, hipócritamente y con tono de superioridad moral, rechazó abandonar su odio".

Nunca olvidaré esas palabras: "Nunca te perdonaré".

Esto sucedió mientras estábamos llevando a cabo el seminario en el hogar de la mujer que había dicho esto. Así que le dije:

—Este es nuestro último seminario aquí, porque no puedo dar un seminario en una casa donde nunca perdonarás. Puedes tener la mente de Cristo que ella ha recibido y ser tan perdonadora como lo es esta mujer.

Pero no pudo hacerlo. Muy triste; pero hay muchos como ella. Muchos.

La victoria está en rendirse, no en luchar.

Y rendirnos nos da lo que más necesitamos: la mente de Cristo.

Repaso del capítulo

1. ¿Qué sucederá cuando reciba la mente de Cristo?

2. ¿Cuál es el significado del bautismo?

3. ¿Cómo y cuándo llega a estar sujeto a la ley del amor de Dios?

4. En las Escrituras, ¿qué significa el término *malvado*?

5. ¿De qué manera Dios realiza su transformación de ser carnal a ser espiritual? ¿Qué le sucede entonces a usted? ¿Llega a ser como su pequeña marioneta?

6. ¿Cómo puede ser usado por Dios en su ministerio de sanidad tanto a las víctimas como a los perpetradores de los más horrendos pecados?

7. ¿Qué es lo que significa la santificación?

8. ¿Cuán rápida y fácilmente debería ser capaz de apartar sus diferencias con los demás, especialmente con otros cristianos?

9. Describa los aspectos prácticos de la formación de hábitos.

Pregunta para reflexionar

¿A menudo se encuentra cayendo en sus mismas viejas maneras de pensar, sentir y hacer? ¿Qué ha aprendido en este capítulo que puede ayudarle a evitar esto y experimentar la victoria desde hoy mismo?

Aplicación

Pídale a Dios que le muestre una situación en que será una gran bendición tener la facultad de su mente despierta para actuar en nuevas líneas. Determine actuar bajo la convicción del Espíritu Santo en este asunto.

CAPÍTULO DIECIOCHO

Nuevos hábitos espirituales

Una vez que comenzamos a creer, podemos darle permiso a Dios para que entre en nuestra mente –para que nos dé su mente– y luego Dios hace lo que sabe hacer muy bien. Puede cambiar completamente nuestro pensamiento en un segundo.

Cuando persistimos en nuestros propios métodos, en nuestra propia fortaleza y con nuestras propias ideas –cuando rehusamos darle a Dios acceso a nuestra mente– es cuando más nos lastimamos. Y esto hace que para Dios sea más desafiante penetrar las murallas que construimos a nuestro alrededor.

La retirada del Espíritu de las personas es algo muy gradual, pero somos nosotros en verdad los que perdemos la capacidad de seguir escuchando al Espíritu. Necesitamos ser objetivos al evaluarnos por la Palabra, porque hay ciertas cosas que no necesitamos debatirlas como si estuvieran bien o mal. Están claramente presentadas en la Palabra. Me encuentro cada vez con más personas que están buscando atajos a la Palabra de Dios. No quieren hacer lo que Dios dice que más le agrada.

Muy bien, algo significativo está por surgir de aquí. Dos cosas le sucederán si pone en su lugar sus nuevos hábitos espirituales. Lo primero es que perderá el deseo –y la atracción– por los antiguos caminos. Un día despertará y dirá: "De repente me doy cuenta que esto ya no me atrae".

Será tan silenciosa e inconscientemente, que se preguntará cuándo fue que le pasó eso de ya no tener más el apetito por ese hábito en particular. Pero ya no está en usted.

Lo segundo que le sucederá es que comenzará a desarrollar un amor que lo motivará a hacer por naturaleza las cosas que los nuevos hábitos ahora han formado en su interior. En otras palabras, cultivará una respuesta diferente al estímulo que previamente lo hubiera hecho reaccionar. Ahora se ha entrenado, por la gracia de Dios dentro de usted, para responder en forma distinta a ese mismo estímulo. Todas las cosas son hechas nuevas.

RECORRIDOS O SURCOS CEREBRALES

La razón por la que este es un desafío para nosotros se encuentra en que el cerebro tiene todos esos pequeños recorridos o surcos. Es algo fisiológico. Lo sabemos. Estas conexiones son creadas en nuestro cerebro, y el desarrollo sistemático de hábitos equivocados en nuestra vida establece patrones reales en nuestros recorridos cerebrales. Y cuando nacemos de nuevo, no son cambiados. Así que puede tener una mente nueva con estos antiguos recorridos todavía allí presentes. Y esos recorridos son respuestas habituales a las cosas que nos provocan. Los llamamos estímulos.

Me gustaba ser estimulado por los pósters. Acostumbraba ir a ver películas para adultos, y tenían esos pósters allí. Y si solo pasaba frente al cine y veía esos pósters, esto estimulaba mis antiguos recorridos, y entraba al cine.

Entonces me convertí en cristiano. Pensé: "Ah, bueno, esto ya no me molestará más. Soy nuevo".

Así que pasé deliberadamente por ese cine al que solía ir. Y ví ese póster, y adivinen qué. Ups, ¡entré! ¡No podía creerlo! Me senté allí durante toda una película para adultos con mis ojos cerrados, orando a Dios para que me diera la fortaleza de pararme y dejar ese lugar. Nadie me había explicado que, cuando naces de nuevo,

¡los antiguos recorridos todavía siguen allí! Todavía puedes ser estimulado. Todavía te pueden hacer caer. Tienes que desarrollar un *nuevo* surco o recorrido en el cerebro. Ahora, *esta* es una gran lección que todos debemos aprender.

También tuve una lucha con el baile. Provengo de una gran familia bebedora, bailadora y amante de las fiestas. Fui a bailar cada viernes de noche hasta donde recuerdo durante mi juventud y mi adolescencia. Cada viernes a la noche decía presente en la pista de baile. Entonces, una pequeña dama entró en nuestro hogar y comenzó a darnos estudios bíblicos. Un día ella nos enseñó acerca de honrar a Dios como nuestro Creador en sábado. Repentinamente, caí en la cuenta. "Oh, ¡no! Mi gran estilo de vida de beber, bailar y estar de fiesta no es honrar a mi Creador; ni en sábado ni en ningún otro día de la semana".

Comencé a pensar en mi hábito. Estaba listo para que me convencieran de dejar el mundo, pero tenía *demasiados* hábitos mundanales en mi vida.

Bueno, pues acostumbraba tomar un tren hasta la escuela nocturna. Y volvía cerca de las 8 de la noche, y dejaba el tren y salía por los portones. Podía ir hacia la derecha, hacia la izquierda, o avanzar hacia delante. Había tres diferentes formas de llegar a casa. Quedaba a unos ochocientos metros.

Pero el viernes de noche, tenía el hábito de doblar siempre hacia la izquierda, porque ese camino me llevaba hacia la pista de baile. Así que estaba sentado en el tren de camino a la escuela nocturna un viernes, y en la providencia de Dios, un joven predicador metodista se sentó junto a mí en el tren. Le estaba contando a este predicador qué lucha estaba teniendo para dejar el mundo y cambiar mis hábitos. Él tomó una Biblia y me llevó a Romanos 6, de entre todos los pasajes, y este es el versículo que me leyó: "¿No sabéis que si os sometéis a alguien como esclavos para obedecerle, sois esclavos de aquel a quien obedecéis, sea del pecado para muerte, o sea de la obediencia para justicia?" (Romanos 6:16).

Así es como tuve contacto por primera vez con la formación de hábitos.

—La elección es tuya —dijo—. Si tienes el espíritu de Dios en tu mente, puedes tomar una decisión consciente ahora.

—Pero no soy lo suficientemente fuerte —protesté.

—Bien, la próxima vez que seas tentado... —comenzó.

—Será esta misma noche —interrumpí—, porque volveré a mi hogar nuevamente.

—La próxima vez que seas tentado —continuó—, dedica un momento a solas y en silencio para buscar a Dios, y dile cuán débil eres, pero dale permiso para que entre en tu mente en ese momento.

Pensé: "¡Uau! Eso suena como algo que puedo hacer". Así que le agradecí entusiastamente.

Esa noche hice el camino de regreso. Como de costumbre, doblé a la izquierda. Tomé el camino que pasaba por la pista de baile. Estaba llena. Las luces estaban encendidas. La banda estaba tocando. Docenas de personas estaban allí; era una gran pista de baile.

Me detuve un momento en la puerta de la pista de baile, y una joven que me conocía más que bien salió y me vio allí.

—Ah, Bill, Bill —me llamó, y vino, me tomó del brazo y me llevó hacia el interior de la pista.

Todo en mí decía: "¡No, no, no! ¡No quiero entrar!" Pero mis piernas estaban diciendo: "Sí, sí, ¡sí!" Y, oh ¡estaba tan enojado conmigo mismo! Estaba justo en la puerta de la pista de baile —justo en la puerta— y me quedé petrificado, porque el Espíritu llevó a Romanos 6:16 a mi mente. "Basta de luchar, basta de resistir, basta de batallar. Sométete a quien obedecerás".

Someterse. ¿Qué otra palabra hay para someterse? Rendirse. "Deja de luchar y ríndete".

Así que le dije a esta chica:

—Mira, no voy a entrar en este momento. Hay algo que tengo que hacer.

—Está bien —respondió.

Me di vuelta, y en frente del edificio había un gran árbol. Tenía 18 años, y esta era la primera vez en mi vida que había hecho esto. Fui y permanecí bajo el árbol. Miré hacia el cielo y le dije a Dios: "¿Sabes?, estoy por entrar en la pista de baile. No quiero entrar, pero soy demasiado débil. Y el joven predicador me dijo esta mañana que si sometía mi voluntad a ti, no entraría en la pista de baile. No sé cómo puede suceder esto, pero te doy mi voluntad. La tienes".

Es muy difícil contarle a la gente qué es lo que sucede realmente en un momento como este. Pero en un instante, ¿saben lo que supe? Supe que no entraría en la pista de baile. Mi débil voluntad humana ahora estaba fusionada con la divina. No me di cuenta de esto. Tenía la mente de Cristo en mí, y Jesús estaba decidiendo que no entraría en la pista de baile. Y me di vuelta y comencé a alejarme, y casi una docena de mis amigos salieron y me vieron. Me rodearon. Nunca olvidaré esto.

—¿Por qué te estás yendo?

Bueno, era demasiado vergonzoso contarles lo que estaba sucediendo. Así que dije:

—Miren, acaba de pasar algo, y no puedo ir al baile esta noche.

Quedaron muy desilusionados, pero me alejé. Nunca volví a la pista de baile nuevamente. También aprendí una de las lecciones más importantes de mi vida. Aprendí que podría haber luchado; podría haber clamado a Dios para que me hiciera más fuerte. Pero en el momento de rendir mi voluntad, Dios en mí podría hacer lo que yo no podía.

La otra lección que tuve que aprender de esta experiencia fue ¡que debía doblar a la derecha! Porque no necesitaba ponerme frente a la tentación. Así que comencé a doblar a la derecha.

Un par de años atrás, mi hijo mayor, que es pastor, estaba conmigo en Melbourne y me dijo:

—Papá, llévame al lugar en que vivías.

—¿Por qué? —pregunté.

—Ah —dijo—. Quiero probar algo.

—Está bien —afirmé.

Así que tomamos el tren hasta donde solía vivir. Llegamos, y él dijo:

—Papá, sé que será difícil para ti, pero quiero que vacíes tu mente de toda idea preconcebida.

—Ah, sí, sí —dije.

—Quiero que salgas por los portones —dijo— y, sin pensarlo, solo quiero que automáticamente vayas hacia la izquierda o hacia la derecha.

—Está bien, no es muy difícil —dije.

Así que salí por los portones. Estaba tratando de no pensar en ello. Solo lo hice muy normalmente. ¿Hacia dónde piensan que doblé?

Por supuesto, doblé hacia la derecha, porque desde hacía mucho tiempo se había convertido en un hábito; cientos de veces había doblado hacia la derecha. De hecho, le dije a mi hijo:

—¿Sabes?, es interesante, pero realmente he olvidado cómo ir hacia la izquierda. Tendría que pensar dos veces al llegar a cada esquina para reconocer el camino, porque durante mucho tiempo solo doblé a la derecha. Y es tan simple para mí. Puedo doblar a la derecha y llevarte donde vivía. No hay problemas.

Estaba sorprendido conmigo mismo en ese momento. Porque no tuve que pensarlo. Hice por naturaleza lo que había establecido en mi vida como un hábito. Y si bien por años había doblado a la izquierda, y ese viejo camino todavía estaba allí, el establecimiento de un nuevo recorrido lo había desplazado y reemplazado.

En mi experiencia, esto es de gran importancia. El Programa de Recuperación de los Doce Pasos incluye un inventario intrépido y moral. En otras palabras, le enseñan a la gente a identificar hábitos que necesitan ser reemplazados.

No vivamos de las generalidades. Es algo muy saludable identificar hábitos que necesitan ser reemplazados.

Repaso del capítulo

1. ¿De qué manera podría perder la capacidad de escuchar la voz de Dios?

2. ¿Qué sucederá cuando llegue a formar nuevos hábitos espirituales?

3. ¿Por qué todavía podría experimentar una respuesta habitual a un estímulo incluso después de haber nacido de nuevo? ¿Cómo pueden ser cambiados estos antiguos patrones?

4. ¿Por qué es tan importante identificar los hábitos que necesitan ser reemplazados?

Preguntas para reflexionar

¿Ha percibido el retiro del Espíritu Santo en su mente? ¿Está buscando un camino para esquivar la Palabra de Dios?

¿De qué manera Dios ha sido misericordioso al conducirlo a rendirse y buscar la mente de Cristo, y desarrollar nuevos surcos en su cerebro, para formar nuevos hábitos en su vida?

CAPÍTULO DIECINUEVE

Todo lo que necesita está en Jesús

¿Comprende que todo lo que necesita para solucionar el problema del pecado en su vida se encuentra en Jesús?

No importa lo que el pecado le haya hecho, ya sea que lo haya colocado bajo amenaza de muerte y condenación o que lo haya debilitado tanto como para tomar una decisión correcta o lo esté llevando a amar cosas que son malas en lugar de cosas que son santas; da igual. Porque la solución a todas estas cosas está en Cristo Jesús. Y todo el que se asegura de estar en Cristo cada día de su vida tendrá esta solución, "porque Dios es el que en vosotros produce así el querer como el hacer, por su buena voluntad". "Estando persuadido de esto, que el que comenzó en vosotros la buena obra, la perfeccionará hasta el día de Jesucristo" (Filipenses 2:13; 1:6). Habiendo comenzado su obra en su interior, la llevará a su finalización.

Muchos cristianos están fracasando porque, en lugar de ver su ayuda en Cristo, tratan de *ser* Cristo. Quieren vencer personalmente al diablo. Conozco a personas cuyo único ministerio es desafiar al diablo, enfrentarse a él y derrotarlo todo el tiempo. Y los miro con piedad, porque sé lo que les está sucediendo. Se han dejado engañar por el diablo. Usted no puede enfrentar al diablo. ¡Él ya ha sido derrotado! Fue dejado sin poder por el Hombre divino-humano, Jesucristo.

Conozco a otras personas que todavía están cayendo en los mismos hábitos después de veinte años de orar: "Dios, hazme lo suficientemente fuerte como para vencer". Solo un humano fue lo suficientemente fuerte como para vencer alguna vez. ¡El resto de nosotros no es lo suficientemente fuerte! Solo un humano ha vivido una vida totalmente para la gloria de Dios, al confiar en su Padre.

Increíblemente, porque Dios es un Dios de gracia, ha aceptado esa vida en Jesús como mi vida completa, y pone a mi disposición esa vida cada día, por fe.

¿Quiere ser más amoroso hoy? Entonces no tome un pequeño seminario llamado "Cómo amar mejor". En su lugar, escuchará a Jesús decir: "Oísteis que fue dicho: Amarás a tu prójimo, y aborrecerás a tu enemigo. Pero yo os digo: Amad a vuestros enemigos, bendecid a los que os maldicen, haced bien a los que os aborrecen, y orad por los que os ultrajan y os persiguen" (Mateo 5:43-44). Déle la oportunidad de entrar en su mente al que amó incluso a sus enemigos y dígale: "Te doy permiso hoy para que tu mente llegue a ser una con la mía, para que cuando enfrente a mis enemigos o a los que no son amados, los ames a través de mí".

¿Quiere ser más compasivo? Mire la compasión de Jesús: "Cuando llegó cerca de la puerta de la ciudad, he aquí que llevaban a enterrar a un difunto, hijo único de su madre, la cual era viuda; y había con ella mucha gente de la ciudad. Y cuando el Señor la vio, se compadeció de ella, y le dijo: No llores. Y acercándose, tocó el féretro; y los que lo llevaban se detuvieron. Y dijo: Joven, a ti te digo, levántate. Entonces se incorporó el que había muerto, y comenzó a hablar. Y lo dio a su madre" (Lucas 7:12-15). Deje que el que ni siquiera pudo ir a un funeral sin ser tocado por el dolor de una viuda y quiso resucitar a su hijo entre en su mente. Incluso al pender de la cruz, estaba pensando en su propia madre y la dejó bajo el tierno cuidado de Juan: "Estaban junto a la cruz de Jesús

su madre, y la hermana de su madre, María mujer de Cleofas, y María Magdalena. Cuando vio Jesús a su madre, y al discípulo a quien él amaba, que estaba presente, dijo a su madre: Mujer, he ahí tu hijo. Después dijo al discípulo: He ahí tu madre. Y desde aquella hora el discípulo la recibió en su casa" (Juan 19:25-27). Si quiere compasión, ¡póngase en contacto con él!

¿Quiere ser más generoso? ¿Tiene algún problema con dar? Vístase de quien ni siquiera tuvo una casa propia; el que dijo: "Las zorras tienen guaridas, y las aves del cielo nidos; mas el Hijo del Hombre no tiene dónde recostar su cabeza" (Mateo 8:20). Todo lo que tuvo, no hizo más que darlo. No acumuló nada en términos de los bienes de este mundo. ¡No lo necesitaba! Obtenía de su Padre todo lo que verdaderamente necesitaba. No obstante, estaba totalmente satisfecho. Póngase en contacto con él. Llegará a ser el dador más generoso y magnífico sobre la tierra, y le encantará dar. Será un gozo dar. Ya no tendrá que exprimirse para dar. A veces, tendrá que contenerse de dar, para no hacerse daño, ¡porque tendrá a quien le encanta dar! Estoy hablando en serio.

¿Quiere estar en paz? Bueno, vístase de quien, aun cuando las tormentas parecían desplomar el cielo, solo iba a la montaña a comunicarse con su Padre. "Y ellos se llenaron de furor, y hablaban entre sí qué podrían hacer contra Jesús. En aquellos días él fue al monte a orar, y pasó la noche orando a Dios" (Lucas 6:11, 12). Y las circunstancias no fueron capaces de robarle la paz. Jesús nunca estaba apurado; ya sabe, no andaba a las corridas, nunca tomaba decisiones sin pensarlo. ¡De ninguna manera! Buscaba cuidadosa y tranquilamente la voluntad de su Padre, y con gran paz mental fue capaz de enfrentar las más increíbles tentaciones que alguna vez haya enfrentado el ser humano.

¿Quiere resistir la tentación? No hemos sido llamados a la cima del monte por el diablo para pedirnos que nos arrojemos desde allí. El diablo no nos ha hecho esto. Tiene otras formas de engañarnos y hacernos caer. Pero Jesús lo enfrentó cara a cara por cuarenta días:

"Jesús, lleno del Espíritu Santo, volvió del Jordán, y fue llevado por el Espíritu al desierto por cuarenta días, y era tentado por el diablo. Y no comió nada en aquellos días, pasados los cuales, tuvo hambre.

"Entonces el diablo le dijo: Si eres Hijo de Dios, di a esta piedra que se convierta en pan.

"Jesús, respondiéndole, dijo: Escrito está: No sólo de pan vivirá el hombre, sino de toda palabra de Dios.

"Y le llevó el diablo a un alto monte, y le mostró en un momento todos los reinos de la tierra.

"Y le dijo el diablo: A ti te daré toda esta potestad, y la gloria de ellos; porque a mí me ha sido entregada, y a quien quiero la doy. Si tú postrado me adorares, todos serán tuyos.

"Respondiendo Jesús, le dijo: Vete de mí, Satanás, porque escrito está: Al Señor tu Dios adorarás, y a él solo servirás.

"Y le llevó a Jerusalén, y le puso sobre el pináculo del templo, y le dijo: Si eres Hijo de Dios, échate de aquí abajo; porque escrito está: A sus ángeles mandará acerca de ti, que te guarden; y, en las manos te sostendrán, para que no tropieces con tu pie en piedra.

"Respondiendo Jesús, le dijo: Dicho está: No tentarás al Señor tu Dios.

"Y cuando el diablo hubo acabado toda tentación, se apartó de él por un tiempo" (Lucas 4:1-13).

Debe vestirse de Quien, después de esos cuarenta días en el desierto, le dijo al diablo: "Escrito está". Jesús respondió con serenidad a Satanás. No entró en debates con el diablo. Sencillamente citó la palabra de su Padre y dependió de ella.

¿Quiere evangelizar más? Vístase de Quien no podía caminar por una aldea sin que toda la aldea quedara conmocionada. Los enfermos estaban allí, esperando ser curados. "Entró Jesús otra vez en Capernaum después de algunos días; y se oyó que estaba en casa. E inmediatamente se juntaron muchos, de manera que ya no cabían ni aun a la puerta; y les predicaba la palabra. Entonces vinieron a él unos trayendo un paralítico, que era cargado por cuatro" (Marcos 2:1-3). Los escépticos se trepaban a los árboles

para escucharlo. "Habiendo entrado Jesús en Jericó, iba pasando por la ciudad. Y sucedió que un varón llamado Zaqueo, que era jefe de los publicanos, y rico, procuraba ver quién era Jesús; pero no podía a causa de la multitud, pues era pequeño de estatura. Y corriendo delante, subió a un árbol sicómoro para verle; porque había de pasar por allí" (Lucas 19:1-4). Jesús "evangelizó" dondequiera que fue, porque sentía este gran peso por las almas.

¿Quiere sentir más esperanza? Vístase de quien ni siquiera condenó a Judas, sino que siguió ofreciéndole esperanza; y continuó tratando de llegar a su corazón hasta el final.

"Antes de la fiesta de la pascua, sabiendo Jesús que su hora había llegado para que pasase de este mundo al Padre, como había amado a los suyos que estaban en el mundo, los amó hasta el fin. Y cuando cenaban, como el diablo ya había puesto en el corazón de Judas Iscariote, hijo de Simón, que le entregase, sabiendo Jesús que el Padre le había dado todas las cosas en las manos, y que había salido de Dios, y a Dios iba, se levantó de la cena, y se quitó su manto, y tomando una toalla, se la ciñó. Luego puso agua en un lebrillo, y comenzó a lavar los pies de los discípulos, y a enjugarlos con la toalla con que estaba ceñido" (Juan 13:1-5).

Vístase de quien predijo que Pedro lo traicionaría, y luego que Pedro lo hizo, le dio amor y esperanza para levantarse y avanzar:

"Dijo también el Señor: Simón, Simón, he aquí Satanás os ha pedido para zarandearos como a trigo; pero yo he rogado por ti, que tu fe no falte; y tú, una vez vuelto, confirma a tus hermanos. Él le dijo: Señor, dispuesto estoy a ir contigo no sólo a la cárcel, sino también a la muerte. Y él le dijo: Pedro, te digo que el gallo no cantará hoy antes que tú niegues tres veces que me conoces" (Lucas 22:31-34).

"Prendiéndole, le llevaron, y le condujeron a casa del sumo sacerdote. Y Pedro le seguía de lejos. Y habiendo ellos encendido fuego en medio del patio, se sentaron alrededor; y Pedro se sentó también entre ellos. Pero una criada, al verle sentado al fuego, se fijó en él, y dijo: También éste estaba con él. Pero él lo negó, diciendo: Mujer, no lo conozco. Un poco después, viéndole otro, dijo: Tú también eres de ellos. Y Pedro dijo: Hombre, no lo soy. Como una hora después, otro afirmaba, diciendo: Verdaderamente también éste estaba con él, porque es galileo. Y Pedro dijo: Hombre, no sé lo que dices. Y en seguida, mientras él todavía hablaba, el gallo cantó. Entonces, vuelto el Señor, miró a Pedro; y Pedro se acordó de la palabra del Señor, que le había dicho: Antes que el gallo cante, me negarás tres veces. Y Pedro, saliendo fuera, lloró amargamente" (Lucas 22:54-62).

"Cuando hubieron comido, Jesús dijo a Simón Pedro: Simón, hijo de Jonás, ¿me amas más que éstos? Le respondió: Sí, Señor; tú sabes que te amo. Él le dijo: Apacienta mis corderos. Volvió a decirle la segunda vez: Simón, hijo de Jonás, ¿me amas? Pedro le respondió: Sí, Señor; tú sabes que te amo. Le dijo: Pastorea mis ovejas. Le dijo la tercera vez: Simón, hijo de Jonás, ¿me amas? Pedro se entristeció de que le dijese la tercera vez: ¿Me amas? y le respondió: Señor, tú lo sabes todo; tú sabes que te amo. Jesús le dijo: Apacienta mis ovejas" (Juan 21:15-17).

Sea lo que fuere que necesite en el ámbito humano, ¡todo está en Cristo! No está en la psicología. No está en la filosofía. No está en los seminarios de autosuperación. Está en Cristo.

Si solo deseáramos ponernos en contacto con Cristo cada día —para someternos a él y darle acceso a nuestra mente—, tendríamos todo lo que Jesús tiene para ofrecer. Estaríamos completos en él. Pero ¿qué hacemos? Nos ponemos a luchar. Nos desesperamos. Hacemos un gran intento por cambiar nuestro camino. Probamos. Fracasamos. Le rogamos a Dios que nos ayude. A veces, con desesperación, incluso le echamos la culpa por no hacer más por nosotros.

Recuero años atrás, cuando le dije a Dios: "Esta cosa del cristianismo no funciona. Realmente no funciona. Mírame. Todavía poseo los hábitos de cuando llegué a ser creyente".

En ese momento fue cuando, figurativamente, tomó un bate de béisbol y me lo dio por la cabeza. Dijo: "Te estoy pidiendo que *te vistas de* Cristo, no que *seas* Cristo. Existe solo un ser humano que pudo enfrentar al diablo y vencer cada tentación.

Y las Buena Nueva es: ¡Te he aceptado en él! ¡He aceptado su muerte como tuya! ¡He aceptado su vida también como tuya! ¡He aceptado su resurrección como tuya! Ya tienes todas estas cosas. ¡Aprovéchalas! Porque traté a Jesús como si fueras tú; y a ti como si fueras Jesús. Incluso permití que se hiciera pecado para que no tuvieras que pasar el resto de tu vida tratando de solucionar el problema del pecado. ¿Así que querías la victoria? Está en él".

Si me paro hoy y digo: "Voy a reclutar una fuerza para ir a Vietnam", todos me mirarán y dirán: "¡Estás loco!" Porque la guerra en Vietnam ya terminó. Ya ha sido peleada.

O puedo decir que voy a llevarlos otra vez a los campos de batalla de la Segunda Guerra Mundial. "¡Vamos luchar contra los nazis!" Y dirán: "¿Qué? ¡Esta guerra ya fue peleada y ganada!"

Pero ¿qué están haciendo los cristianos hoy? ¡Están reuniendo sus fuerzas para luchar una guerra que ya ha sido ganada!

¡Nuestra lucha es una lucha de fe! No es la lucha contra el pecado. Ya ha sido peleada y ganada con fuerza humana por un Hombre que dependió totalmente de su Padre. Nuestra pelea no es contra el diablo. Él ya ha sido vencido y declarado sin poder. Sin embargo, no lo descubrirá por la manera en que los cristianos se relacionan con él. ¡Pensará que tiene todo el poder!

Algunos padres vienen a decirme:

−¡Ahh! El diablo tiene a nuestro hijo.

−Bien −les digo−, ¿qué van a hacer con respecto a esto?

Y entonces agrego:

−¿Se dan cuenta de que su hijo ha sido atrapado por un enemigo impotente que de alguna manera los ha convencido de que tiene poder? ¿Se van a quedar de brazos cruzados? ¿Solo van a decir: "qué podemos hacer"? O por fe avanzarán y dirán: "¡Ey! Piensas que atrapaste a mi hijo, pero tengo noticias. No tienes autoridad aquí. Lo reclamo en el nombre de Jesús. Y lo voy a reclamar hasta que me lo devuelvas. No tienes poder ni autoridad sobre él".

No veo que muchas personas actúen por fe hoy. Están actuando como si el enemigo tuviera todas las cartas, y las estuviera jugando.

Es el maestro del engaño. No tiene autoridad. Actuamos como si fuera más hábil y poderoso. Y la Biblia dice que se lo ha despojado de poder. Piense en esto: impotente. "Así que, por cuanto los hijos participaron de carne y sangre, él también participó de lo mismo, para destruir por medio de la muerte al que tenía el imperio de la muerte, esto es, al diablo" (Hebreos 2:14).

Así que si está buscando luchar por la victoria con la ayuda de Dios, se estará cavando su propia tumba de aquí a veinte años. Pero si está buscando la victoria al ponerse en contacto con Cristo, ¡la tiene ahora!

Repaso del capítulo

1. ¿Por qué debería ser tan importante asegurarse de que está "en Cristo" cada día de su vida?

2. ¿Cuál es el peligro de pensar que puede derrotar personalmente al diablo?

3. ¿Cuál es la única manera de poder vencer el pecado y al diablo? ¿Por qué esto es verdadero?

4. ¿Cuál es la lucha verdadera que está acometiendo? ¿Qué lucha ya ha sido librada y ganada?

5. El diablo, ¿en verdad tiene poder o autoridad sobre usted o sus amados? Ver Hebreos 2:14, 15.

6. ¿Cuándo y cómo experimentamos la victoria?

Pregunta para reflexionar

Piense en algún aspecto específico de su vida, que no sean los abordados en este capítulo, en el que podría ser victorioso al vestirse de Cristo. Encuentre una historia de los evangelios en que Jesús obtuvo la victoria en esta área.

CAPÍTULO VEINTE

La victoria por medio de la entrega

Por favor, note en el siguiente pasaje quién dice que está actuando:

> Me mostró al sumo sacerdote Josué, el cual estaba delante del ángel de **Jehová**, y Satanás estaba a su mano derecha para acusarle. Y dijo **Jehová** a Satanás: **Jehová** te reprenda, oh Satanás; **Jehová** que ha escogido a Jerusalén te reprenda. ¿No es éste un tizón arrebatado del incendio? (Zacarías 3:1, 2, énfasis añadido).

¿Lo ve? "*Jehová* te reprenda, oh Satanás". El poder y la autoridad para reprender a Satanás están en Cristo. Están en él. De esta manera, podría parecer que no estoy reprendiendo a Satanás, sino que el Señor está reprendiendo a Satanás. Por lo tanto, pienso que bien podríamos utilizar estas palabras: "Jehová te reprenda, Satanás".

Y cada vez que leo esto, me recuerdo que el poder y la autoridad contra Satanás no están en mí ni parten de mí. Están en Cristo; y es Cristo quien realmente reprende al diablo. Así que está bien decir en el nombre de Jesús: "Jehová te reprenda, Satanás". Pero no está bien decir que *estoy* reprendiéndolo; incluso con la autoridad de Dios. Pienso que es un curso de acción peligroso.

Desafortunadamente, hay muchas personas que hacen esto hoy y he visto lo que les ha sucedido. Pero es un asunto totalmente diferente darse cuenta de que es el Señor quien ha reprendido a Satanás, y reclamar esto por fe.

Como les dije a los padres del capítulo anterior que sentían que el diablo tenía a su hijo: "El enemigo solo los está engañando para que piensen que es una lucha entre ustedes y él, porque sabe que la lucha verdadera fue entre Cristo y él; y perdió esa lucha. Nunca quisiera que ustedes lo descubrieran, para que continúen pensando que ahora, de alguna manera, tienen que enfrentarlo y desafiarlo. Y no tienen que hacerlo. Simplemente tienen que comenzar a creer".

Aun cuando lleguemos a la victoria sobre los pecados en nuestra vida, ¡no es nuestra lucha! Nuestra lucha, nuevamente, es entrar en la fe y creer que en carne humana —¡y quiero decir una carne que Dios ha aceptado como mía!— Jesús venció toda tentación que estoy enfrentando, y mi victoria sobre ellas es ver que en carne humana, ya llevó a cabo esto, y depender de él.

Y cuando usted se viste de Cristo y lo invita a entrar en su vida, ¿con quién se está relacionando? Se está relacionando con Alguien que no es atraído al pecado. Está relacionándose con Alguien que ya es victorioso.

Considere las poderosas palabras de 1 Juan que refuerzan esta idea: "Porque todo lo que es nacido de Dios vence al mundo; y esta es la victoria que ha vencido al mundo, nuestra fe" (1 Juan 5:4).

"Porque todo lo que lucha... hasta el mismo fin". ¿Así es como dice? No. Todo el "que es nacido de Dios..."

Espero que esté viendo que la victoria es una experiencia de fe, no una experiencia de lucha. En lugar de luchar, la victoria realmente es la entrega.

En estas páginas, estoy desafiando la idea de que, si solo de alguna manera puedo obtener suficiente poder y ayuda de Dios para ir con mis propios esfuerzos, puedo vencer al diablo. Estoy desafiando firmemente esta idea. En verdad, más que desafiarla, ¡la estoy rechazando! Porque en mi vida espiritual, tengo que abandonar incluso el derecho a luchar contra el diablo. Tengo que dárselo a Cristo. Estoy reconociendo que no puedo luchar contra el diablo, porque soy impotente; ¡indefenso! Estoy entregándole a Jesucristo el derecho a enfrentar al diablo y a la tentación del pecado. Esto es lo que estoy haciendo en el momento en que comienzo a confiar. Realmente le estoy diciendo a Dios: "No puedo hacerlo. Gracias por la provisión que tenemos en Jesús".

DE LA LUCHA A LA FE

En muchas batallas, la victoria viene a través de la lucha por ganar. Pero no en nuestra vida espiritual. Aquí, la victoria no viene por medio de la lucha, ¡sino por medio de la entrega! ¿Y qué entregamos? El mismo pensamiento de que podríamos tener algún derecho a enfrentar al diablo. La misma esperanza de que pudiéramos tener una oportunidad de éxito contra él. En lugar de esto, reconocemos que Dios ha provisto para nosotros a Uno que no solo se enfrentó con el diablo, sino que también lo venció exitosamente en carne humana. Y cuando nos vestimos de Jesús, su éxito, su victoria, llega a ser nuestra.

De modo que cuando estamos enfrentando la tentación, el pecado y al diablo, en lugar de luchar y batallar —algo que hemos hecho por años, casi hasta el punto del desánimo total a veces—, debemos comenzamos a creer, y contemplar lo que el Hijo del Hombre ya ha realizado en carne humana.

Lo más difícil de aceptar para nosotros es que, en la resolución del problema del pecado —ya sea que se esté tratando con la condenación o con la muerte, o que se esté tratando con el pecado como un poder en nuestra vida—, Dios ha colocado toda la responsabilidad de resolver esto sobre Jesús, no sobre nosotros.

De modo que cuando soy tentado, comienzo a creer. Otra forma de decir esto es que rindo mi derecho a enfrentar el pecado y al diablo, permitiéndole que Jesús haga lo que el Padre le pidió que hiciera. Y si estamos leyendo 1 Juan correctamente aquí, todo lo que nace de Dios vence al mundo. Por tanto, cuando nace de Dios, está dependiendo de Cristo. A través del Espíritu, está recibiendo la mente de Cristo. Ahora, es Cristo en usted quien vence al mundo; no usted en su carne humana natural.

Esta es una experiencia de fe.

¡Dios en usted! Si es nacido de Dios, ¡tiene a Dios en usted! El evangelio no es solo la historia de Dios; es el *poder* de Dios para salvación. "Porque no me avergüenzo del evangelio, porque es poder de Dios para salvación a todo aquel que cree; al judío primeramente, y también al griego" (Romanos 1:16). Dios morará en todo ser humano que comience a creer acerca de su don de amor de Jesucristo.

Es patente que pocas personas, aparentemente, realmente creen en Jesús como el Hijo de Dios. Ni siquiera veo que las personas testifiquen acerca de la justificación hoy. No lo dicen. No alaban a Dios por esto. No obstante, esto es lo que significa creer que Jesús es el Hijo de Dios: ¡Que Dios haya aceptado su vida y muerte perfectas como mías! Ya no soy considerado culpable, condenado o bajo pena de muerte. Tengo el derecho al cielo. He entrado en la familia de Dios. ¡Soy su hijo!

Considere solo un par de promesas bíblicas que apoyan esta verdad:

"Mas a todos los que le recibieron, a los que creen en su nombre, les dio potestad de ser hechos hijos de Dios" (Juan 1:12).

"Todo aquel que confiese que Jesús es el Hijo de Dios, Dios permanece en él, y él en Dios" (1 Juan 4:15).

¿Qué es lo que necesita Dios para habitar en nosotros, para vivir y morar en nosotros? Nuestra confesión de que Jesús es el Hijo de Dios. Por esto es que vengo enfatizando que el hábito más importante de su vida es ir a la cruz cada mañana, mirar la cruz, y decir: "Gracias, Dios, por enviar a tu propio Hijo en carne humana y permitir que tome sobre sí la responsabilidad por el pecado. Creo esto con todo mi corazón".

Y en el momento en que expresa esto, Dios está en usted. Sale de su casa con la presencia del Dios viviente en usted. Y estoy convencido de que muchas personas no están haciendo esto. Porque las personas vienen y dicen: "Oh, tengo este problema con mi mal carácter..." "Oh, me enojo todo el tiempo..." "Oh, tengo este hábito..."

Me encontré con un pastor hace un tiempo. Dijo:

—Adquirí el hábito de la pornografía, y me está matando.

—Déjame buscar un pañuelo así puedo llorar por ti.

—Estoy hablando en serio —dijo.

—Yo también —respondí—. No estoy llorando por ti porque tienes un problema. ¡Estoy llorando porque no entiendes la fe! ¡No estás confesando cada día de tu vida que Jesús es el Hijo de Dios! Porque si lo estuvieras haciendo, tendrías la mente de Cristo y, aleluya, podrías ser capaz de mirar una mujer preciosa sin codiciarla. Podrías ser capaz de mirarla y decir: "Gracias, Dios, por esta hermosa creación. No la veo como un objeto de deseo. La veo como una hermosa creación que provino de tu mano".

—Quiero decirte que la primera vez que me pasó esto dije: "¡Gracias, Dios!"

—Bien —me dijo Dios—, solo ten en mente este pensamiento y tendrás esta calidad de pensamiento cada día de tu vida.

Pero este pastor me dijo:

—Oh, ¡ayúdame, por favor! No puedo dejar de mirar pornografía cada día. Me está matando.

—Y bueno, ¡esto también me mataría si alimentara mi mente de esta manera! —le dije—. ¿Te has puesto a pensar que, si tuvieras la mente de Cristo, podrías tener la fortaleza de colocar un filtro en tu computadora, que si solo confesaras a Jesucristo, entonces, con la mente de Cristo en ti, podrías ir a casa y encargar un filtro?

Y este pastor me miró maravillado.

—Esto es lo que se necesita —le dije—. No puedo hacerlo por ti. No tienes fe. No tienes fe cuando vienes a mí con una declaración como esta.

Otro hombre se paró en uno de mis seminarios y dijo:

—Soy un adicto a la televisión. Durante veinte años, todo lo que he hecho es volver a mi hogar a las cinco de la tarde, levantar mis pies, e irme a la cama a las doce de la noche. Durante todo ese tiempo, no me muevo de allí. No tengo de qué hablar en mi matrimonio. Mi esposa y yo somos como dos extraños que viven juntos en una misma casa. Ni siquiera sé por qué no se ha ido todavía.

Afortunadamente, su esposa no estaba presente.

—Me estoy sintiendo tan débil y miserable —agregó—. ¿Tiene algo de sabiduría que compartir conmigo?

—Por supuesto, claro que tengo. Pero —dije—, usted necesitaría la mente de Cristo. ¡No tiene fe! Está luchando y batallando con algo con lo que Jesucristo no tendría problemas, porque él no siente atracción por la violencia, el sexo ni todas esas cosas de las que están llenas los canales de televisión. Tuvo un equilibrio saludable en su vida. Claro, gozó de la compañía de las mujeres. Por supuesto. ¿Por qué piensa que pasó tanto tiempo en la casa de María y Marta? Pienso que allí encontró un amor que no había encontrado en ningún otro lugar. Pero no estaba pervertido por la visión de todas estas cosas, y si adopta su mente..."

—Bien —interrumpió—, ¿qué sucedería si me visto con la mente de Cristo?

—Con la mente de Cristo —respondí—, miraría el aparato de televisión y diría: "Está bien, esto está controlando mi vida". Así que probablemente tomaría una tijera y cortaría el cable.

Pude ver que estaba escuchando atentamente.

—Deje de luchar —continué—. Empiece a entregarse. Comience a entregarse y adopte la mente de Cristo. ¡Comience a creer que Jesús ha vencido al mundo, la carne y al diablo! ¡Hizo esto en carne humana! ¡Confiéselo! ¿Y dónde estará Cristo desde ese momento? Estará en su mente. Esta es la parte de su cuerpo con la que el Espíritu Santo hace contacto. Y con Cristo en su mente, irá a tomar las decisiones correctas acerca de la televisión.

Se fue a su casa esa semana, y lo hizo. Volvió la semana siguiente, y saltaba de alegría como nunca he visto. Debería haber escuchado su testimonio. Dijo:

—Por veinte años, he sido un esclavo. Pero adopté la mente de Cristo, y supe exactamente qué es lo que necesitaba hacer. Tomé una tijera, y corté el cable; y así quedó, porque reconocí que no podía controlar ese aparato. Me estaba controlando a mí.

Entonces sus ojos se le iluminaron, y dijo:

—Me siento libre; y comenzamos a dialogar con mi esposa. Acabo de revivir en el Espíritu. Ya no soy esclavo del pecado, porque adopté la mente de Cristo.

Con la mente de Cristo, verá las cosas de manera diferente. No obstante, se dará cuenta de cuán fácil es cruzar la línea y volver a hacer las cosas a la antigua manera carnal en lugar de a la manera de Dios. No puedo salir ni un día de mi vida sin buscar la mente de Cristo, porque el mundo no es seguro. Puedo ser intolerante con las personas, pero con Cristo en mí encuentro que la gracia más increíble viene hasta mí para ser tolerante con las personas, y comprensivo y amante. Esta es su manera.

Y lo que quiere que todos hagamos es que lo adoptemos con tal regularidad, que todas esas cosas lleguen a ser habituales y naturales en nuestra vida.

Muy recientemente, me di cuenta de que algo que acostumbraba encontrar atractivo ya no lo es más. No sabría decir exactamente cuándo sucedió, pero aparentemente fue durante un período.

Así que miré y dije:

—¡Gracias, Dios!

Y él dijo:

—Bien, no notaste cuándo sucedió, porque estabas centrado en depender de Cristo.

Gradualmente, el deseo de Cristo llega a ser nuestro por naturaleza. Aquí es donde se pone emocionante. ¿Y cómo llamamos a todo este proceso? Santificación.

Cómo funciona la santificación

En este proceso, note que si se encuentra repitiendo los mismos hábitos una y otra vez, probablemente haya dejado de creer. Necesita volver a confesar que Jesús es el Hijo de Dios, y en el momento en que lo hace, deja de repetir los antiguos hábitos y comienza a fortalecer los nuevos.

Cuando comencé por primera vez a comprender esto, tuve que hacer esta confesión varias veces al día. Y cada vez que sentía una tentación, o volvía a las antiguas cosas, me encontraba con que cada vez sentía más deseos de empezar a confesar que creo que Jesús es el Hijo del Dios viviente, ¡y que venció el pecado, la tentación, la carne y al mundo en carne humana!

En el momento en que confesamos que Jesús es el Hijo, y alabamos a Dios por su don de amor, Dios habita en nosotros. Este es el punto central: es Dios en usted quien resiste el pecado, no usted más la ayuda de Dios. Dios es el único ser que no es atraído por lo impuro. Por naturaleza, somos atraídos por lo impuro. Dios no. Así que, si no se siente atraído por lo impuro, sabrá que Dios está en usted. Y dirá: "¡Sí! ¡Alabado sea el Señor!"

La mayor lucha de nuestra vida es: entregarnos y darle permiso a Dios para que esté en nosotros, con el fin de no sentir atracción por lo impuro; o luchar contra esta atracción hacia lo impuro y clamar para que Dios nos dé la fuerza suficiente para hacerlo. Esta última opción es el camino hacia el fracaso, y ha llevado a muchos cristianos a centrarse en sus pecados y a ser incapaces de cambiarse.

Una armadura para protegerse, no para luchar

Como sabrá, la armadura de Dios no es para portarla e ir a luchar contra Satanás. La armadura es para portarla con el fin de protegernos de los dardos del enemigo, para poder rechazar sus ataques.

Por lo demás, hermanos míos, fortaleceos en el Señor, y en el poder de su fuerza. Vestíos de toda la armadura de Dios, para que podáis estar firmes contra las asechanzas del diablo. Porque no tenemos lucha contra sangre y carne, sino contra principados, contra potestades, contra los gobernadores de las tinieblas de este siglo, contra huestes espirituales de maldad en las regiones celestes. Por tanto, tomad toda la armadura de Dios, para que podáis resistir en el día malo, y habiendo acabado todo, estar firmes. Estad, pues, firmes, ceñidos vuestros lomos con la verdad, y vestidos con la coraza de justicia, y calzados los pies con el apresto del evangelio de la paz. Sobre todo, tomad el escudo de la fe, con que podáis apagar todos los dardos de fuego del maligno. Y tomad el yelmo de la salvación, y la espada del Espíritu, que es la palabra de Dios (Efesios 6:10-17).

Algunas personas piensan que visten la armadura para luchar contra Satanás. No es así. Se la colocan para protegerse.

La batalla ha sido ganada. Pero todavía continúa en nosotros, porque nuestra lucha es creer o continuar con nuestros propios métodos de fracaso propio. Estos dos enfoques son la luz y la oscuridad. Una trae como resultado la victoria; la otra termina en fracaso.

La victoria en la vida cristiana viene por medio de la entrega de nuestro derecho a luchar contra el pecado y el diablo, de comenzar a creer que esta lucha fue confiada a Jesucristo, y confesar que creemos esto. Y en el momento en que lo hacemos, el Espíritu del Dios viviente trae a Cristo a nuestra mente. Ahora tenemos la mente de Cristo. Y la mente de Cristo no se siente atraída por el pecado ni el diablo. Se siente atraída por las cosas que son santas y puras.

Demasiadas personas se esfuerzan por resistir el pecado y al diablo, intentando con fuerzas no caer en tentación, clamando a Dios para que les dé fortaleza, con el fin de no ceder. Entonces, cuando caen, realmente se desaniman y comienzan a preguntarse si, de hecho, Dios tenía la intención de decir eso o no.

Siempre terminan echándole la culpa a Dios o decidiendo que solo son demasiado débiles y no lo lograrán. Cuando las personas llegan a este punto, ¿sabe lo que se dicen? "Bien, no importa si lo intento o no". Y comienzan a permitir que todo vuelva a ser como antes en su vida. Incluso abandonan la lucha. Conocí a muchos en esta situación, porque no podían ser lo suficientemente fuertes como para resistir al diablo, aun con la ayuda de Dios.

Finalmente un día, por la gracia de Dios, en su desesperación extrema, caen a los pies de la cruz. Entonces se dan cuenta: "Dios le ha pedido a Jesús que haga esto, no a mí. Es mi privilegio aferrarme a él por la fe y tenerlo en mí. Es Dios en mí quien resiste el mal; no soy yo".

Si no estoy resistiendo exitosamente al pecado, es probable que Dios no esté en mí, porque lo estoy haciendo con mis propias fuerzas en lugar de hacerlo por fe al permitirle que entre en mí.

En los cuatro capítulos de Romanos 5 al 8, Pablo asume las características de las personas que afirman ser creyentes, pero que todavía son carnales. Porque Pablo traza una distinción entre los creyentes profesos que todavía son carnales, y los verdaderos creyentes que son espirituales que todavía tienen algunas características muy interesantes.

Hay una gran confusión con respecto a los que realmente sucede cuando una persona llega a ser espiritual. Algunas personas piensan, por ejemplo, que nunca experimentarán la tentación nuevamente. Otras piensan que ni siquiera volverán a sentir inclinación por el pecado. Algunos piensan que nunca se sentirán atraídos por algo poco conveniente otra vez. Y quedan horrorizados si descubren que esto les sucede, e inmediatamente comienzan a pensar: "Debo ser carnal".

Me parece interesante que Pablo llame "santos" a los creyentes de Corinto. No obstante, ¿eran totalmente maduros en Cristo? Oh, no.

Así que, aparentemente, usted puede estar en Cristo, y estar en el proceso de llegar a la madurez, sin ser llamado carnal. Incluso puede tener un día en que surjan cosas que lo inquieten cuando las escuche, y todavía no haber vuelto al reino carnal. Porque, recuerde: está bajo la gracia. Y cuando está bajo la gracia, ahora hay libertad para crecer en Cristo y abordar cada aspecto de su vida, ¡sin sentirse condenado!

Si está bajo la gracia, es libre de abocarse a cada aspecto de su vida y de su carácter, y es libre de crecer y madurar de todas maneras, sin sentirse condenado a medida que pasa por este proceso.

Ahora, estas son Buenas Nuevas, ¿o no?

Repaso del capítulo

1. ¿Dónde yace el poder y la autoridad de reprender al diablo?

2. ¿Por qué no debe trabar una lucha contra el diablo para obtener la victoria sobre el pecado?

3. Mencione al menos tres palabras o frases que describan la única manera en que podemos vencer al mundo, el pecado y al diablo.

4. ¿De qué manera Dios ha escogido resolver el problema del pecado?

5. ¿Qué es el evangelio?

6. ¿Por qué el autor sigue subrayando la importancia de ir a la cruz cada mañana?

7. ¿Cómo puede reconocer que alguien –incluso usted mismo– ha perdido la fe?

8. ¿Por qué tantas personas abandonan la lucha para ser vencedores?

9. ¿Cuál es la diferencia que existe entre ser un profeso creyente y un verdadero creyente espiritual?

10. ¿Qué es lo que significa estar bajo la gracia? ¿Qué tiene la libertad de hacer?

Preguntas para reflexionar

¿En verdad cree que Jesucristo ya ha enfrentado y derrotado al diablo?

¿En verdad cree que Jesús es el Hijo de Dios?

CAPÍTULO VEINTIUNO

¿Carnal o espiritual?

Se me acercó un joven que se encontraba seriamente impactado, porque estaba experimentando algunas sensaciones sexuales en su cuerpo. Vino y me dijo:

—Ya sabe, debo ser carnal.

—Bien —le dije—, tengo buenas noticias para ti. Resulta que eres un hombre normal. Estas son buenas noticias. Eres un miembro normal de la especie masculina. Y Dios hizo tu cuerpo de esta manera. Es bioquímica, y estás diseñado para responder de cierta forma. No es carnalidad.

—Es lo que haces con estos deseos lo que refleja si eres carnal o espiritual. Y el hombre espiritual, solo porque siente impulsos dentro de su cuerpo, no necesariamente debe correr para satisfacer cada necesidad suya. Un hombre espiritual aprende a mantener su cuerpo bajo sujeción. No es dominado ni controlado por sus impulsos físicos. En realidad, adora a Dios. Y debes adorar a Dios porque eres normal.

Lo que importa es la mente. ¿Y por qué el Espíritu Santo toma contacto con la mente? La Biblia dice: "Haya, pues, en vosotros este sentir que hubo también en Cristo Jesús" (Filipenses 2:5). "No os conforméis a este siglo, sino transformaos por medio de la renovación de vuestro entendimiento, para que comprobéis cuál sea la buena voluntad de Dios, agradable y perfecta" (Romanos 12:2). ¡Es la mente la que es renovada! Cuando comienza a creer, y confiesa que Jesús es el Cristo, el Hijo del Dios viviente, el Espíritu Santo viene nuevamente por ese día y renueva su mente.

Dios le da nuevos pensamientos. Puede haber odiado a alguien toda su vida, y Dios le dará nuevos sentimientos hacia esa persona. La compasión estará allí. Repentinamente, será confrontado con una nueva norma en su vida: la vida de Cristo.

LA UNIVERSIDAD DE LA MENTE

Nuestra mente es como una universidad. Tiene todas estas facultades. Está el área de la razón, y el área del apetito. Algunas personas piensan que, si han nacido de nuevo, nunca experimentarán la tentación del apetito nuevamente. Hay un área que tiene todos los sentidos en ella: ver, oír, oler, tocar. El área sexual de nuestra vida está controlada por una facultad de la mente. Está el área de la voluntad. Y, por supuesto, el área de las emociones.

Por tanto, ¿qué es lo que recibimos nuevo cuando la mente de Cristo está en nosotros? Nuevos pensamientos, nuevos sentimientos y nuevos motivos. Esto es lo que Dios pone en la mente cuando pone la mente de Cristo en usted. No tiene que tratar de encontrar buenos motivos. Dios le dará el motivo correcto si adopta la mente de Cristo. No tiene que trabajar para cambiar sus sentimientos. Dios le dará nuevos sentimientos y nuevos pensamientos. Lo llevará a un nivel mucho más elevado que el que ha estado antes.

Piense en el área relacionada con la motivación sexual. Al joven que mencioné en el comienzo del capítulo, le dije:

—Cuando busques la mente de Cristo, el área que controla la actividad sexual de tu cerebro verá que es un don de Dios que debe ser usado de determinada manera, dentro del matrimonio, que traerá una unidad semejante a la relación que existe entre los miembros de la Trinidad. Será un pensamiento como nunca ha entrado en tu mente hasta ahora. Será la mente de Cristo en ti.

Esta facultad particular ahora será llevada a la acción de manera totalmente diferente. No importa lo que Hollywood diga, o lo que digan todas las revistas ilustradas, Dios pondrá su ideal dentro de usted.

¿Y con respecto al apetito? Repentinamente, los que hacían de la comida su dios, o los que la utilizaban como un medio de salvación, encontrarán que la facultad que controla el apetito les mostrará una perspectiva totalmente nueva acerca del apetito. Verán la importancia de la salud, pero no se convertirá en su medio de salvación. Ahora estará en el contexto de su desarrollo pleno, para la gloria de Dios. Los que tenían un apetito desmedido, ahora se les mostrará que el dominio propio es posible en el área del apetito. Ya no serán dominados por el pensamiento: "No puedo hacer nada con respecto a esto"; porque esa facultad ahora será despertada para actuar en nuevas direcciones.

Así, no se le dan nuevas facultades. La facultad del apetito no cambia ahora repentinamente para que todo lo que desee sea el uso perfecto de su apetito. No sucede así. Sino que las facultades son santificadas.

En un momento repentino, me quedó en claro: "Oh, ya veo: la santificación sucede en la mente. *¡La santificación se da en la mente!*"

Si una facultad de la mente es despertada para actuar en nuevas direcciones y mi voluntad es fortalecida porque Cristo está en mí, ¿qué sucede si escojo actuar sobre la base de esta nueva dirección? ¿Y qué sucede si escojo actuar así regularmente en mi vida? ¿Qué sucederá obviamente en esa facultad? Será ennoblecida y santificada, de tal manera que en última instancia será mi inclinación natural. Llegará a ser habitual en mi vida. Este es el milagro de la gracia de Dios.

Ahora note nuevamente esta hermosa declaración de *El Deseado de todas las gentes*, página 621:

Toda verdadera obediencia proviene del corazón. La de Cristo procedía del corazón. Y si nosotros consentimos, se identificará de tal manera con nuestros pensamientos y fines, amoldará de tal manera nuestro corazón y mente en conformidad con su voluntad, que cuando le obedezcamos estaremos tan sólo ejecutando nuestros propios impulsos.

Piense en esto. Si lo permite se identificará de tal manera con su mente, ¡que lo próximo que hará naturalmente ahora será su voluntad! Es algo maravilloso, ¿no es así?

Incluso al pensar en sus propios pensamientos, estará pensando los de Cristo. Este es el proceso de santificación. Y quiero decirle que esto sucede al responder habitualmente a lo que el Espíritu ha colocado en su mente.

Ahora tengo una pregunta que hacerle: ¿Qué sucede en la vida de los verdaderos creyentes espirituales después de la conversión? ¿Qué clase de sentimientos experimentan? ¿Qué clase de tentaciones los abordan? ¿Cuál es su actitud? Por otro lado, ¿cuáles son las experiencias y las características de una persona que afirma ser un creyente en Cristo, pero todavía es carnal?

Uno u otro; pero no ambos

Las Buenas Nuevas son: No puede ser carnal y espiritual. Solo puede ser uno u otro. Al mirar más de cerca este asunto, encontraremos que una persona verdaderamente espiritual tiene algunas características más que interesantes. Y alguno de nosotros puede estar tentado a confundirlas con las de alguien carnal.

Es como el joven que se me acercó. No era para nada carnal. Era muy espiritual, pero pensaba que era carnal.

Romanos 5 al 8 son los únicos capítulos de las Escrituras, realmente, que abordan esto en profundidad. Y particularmente el pasaje que va de Romanos 7:21 a Romanos 8:8 ayuda a que todo lo demás que Pablo está diciendo encaje en su lugar. Estos son los versículos:

Así que, queriendo yo hacer el bien, hallo esta ley: que el

mal está en mí. Porque según el hombre interior, me deleito en la ley de Dios; pero veo otra ley en mis miembros, que se rebela contra la ley de mi mente, y que me lleva cautivo a la ley del pecado que está en mis miembros. ¡Miserable de mí! ¿quién me librará de este cuerpo de muerte? Gracias doy a Dios, por Jesucristo Señor nuestro. Así que, yo mismo con la mente sirvo a la ley de Dios, mas con la carne a la ley del pecado.

Ahora, pues, ninguna condenación hay para los que están en Cristo Jesús, los que no andan conforme a la carne, sino conforme al Espíritu. Porque la ley del Espíritu de vida en Cristo Jesús me ha librado de la ley del pecado y de la muerte. Porque lo que era imposible para la ley, por cuanto era débil por la carne, Dios, enviando a su Hijo en semejanza de carne de pecado y a causa del pecado, condenó al pecado en la carne; para que la justicia de la ley se cumpliese en nosotros, que no andamos conforme a la carne, sino conforme al Espíritu.

Porque los que son de la carne piensan en las cosas de la carne; pero los que son del Espíritu, en las cosas del Espíritu. Porque el ocuparse de la carne es muerte, pero el ocuparse del Espíritu es vida y paz. Por cuanto los designios de la carne son enemistad contra Dios; porque no se sujetan a la ley de Dios, ni tampoco pueden; y los que viven según la carne no pueden agradar a Dios.

No es un pasaje fácil; especialmente el capítulo 7. Pero si escucha lo que Pablo está diciendo, repentinamente se dará cuenta de esta realidad. Me llevó veinticinco años comprender este pasaje, ¡pero no tiene que pasar tanto tiempo!

Céntrese ahora en Romanos 7:25: "Gracias doy a Dios, por Jesucristo Señor nuestro. Así que, yo mismo con la mente sirvo a la ley de Dios, mas con la carne a la ley del pecado".

Por favor, note que este versículo no está sugiriendo que Pablo está haciendo estas cosas simultáneamente. Necesita leer lo que precede al versículo 25 y lo que sigue inmediatamente. Si piensa que está diciendo que hace estas dos cosas al mismo tiempo, no ha escuchado lo que ha dicho antes o lo que sigue inmediatamente. Y aquí es donde muchas personas mezclan las cosas en este pasaje. Piensan: "Bien, ¿cómo se puede servir a ambos al mismo tiempo?"

¡No se puede! Y debe permitir que el versículo 25 sea interpretado por lo que aparece antes y lo que sigue inmediatamente. Si estudia cuidadosamente el contexto, sabrá exactamente lo que Pablo está tratando de decirle. La clave está en estos versículos.

Algo interesante surge de Romanos 7; el capítulo más malinterpretado que Pablo haya escrito. Ha sido fuente de discusión entre teólogos por casi 2.000 años, y continúa siéndolo en el presente. Cuando estaba en el seminario, los profesores estaban divididos. Un profesor nos dijo que en Romanos 7:25, Pablo no estaba convertido. Otro profesor nos dijo que Pablo estaba convertido. Y nos dejaron a la deriva. No se comprometerían.

Deseo que note ahora algunos hechos más que interesantes. Volvamos a los versículos 16 al 18 del capítulo 7:

> Y si lo que no quiero, esto hago, apruebo que la ley es buena. De manera que ya no soy yo quien hace aquello, sino el pecado que mora en mí. Y yo sé que en mí, esto es, en mi carne, no mora el bien; porque el querer el bien está en mí, pero no el hacerlo.

Espero que haya visto estas palabras: "Yo sé que en mí, esto es, en mi carne, no mora el bien". ¿Las palabras de qué clase de hombre son estas? Nunca escuchará a un hombre carnal reconocer esto. Por supuesto, jamás lo hará. Estos son palabras de un hombre espiritual.

Una de las "grandes ideas" a las que le dedicamos tiempo para el análisis al comienzo de este libro se refería a nuestra condición básica: indefensos, impotentes, pecaminosos. Y, permítame que lo diga, el reconocimiento y la expresión de esa condición es el primer paso en la vida de una persona que se vuelve a Jesucristo. Esta persona llega a estar convencida de su verdadera condición.

"Yo sé que en mí no mora el bien".

Este es un punto de iluminación que la vasta mayoría de la raza humana nunca alcanzó. No mora el bien. Es muy importante.

Y lo primero que notamos en nuestro pasaje de Romanos 7 es que Pablo está haciendo un profundo reconocimiento acerca de sí mismo. Es bien consciente de lo que el pecado ha hecho en su naturaleza humana.

"Y yo sé que en mí, esto es, en mi carne, no mora el bien; porque el querer el bien está en mí, pero no el hacerlo" (versículo 18).

Si alguien dice que el deseo está presente en él, ¿qué está reconociendo? "Por cuanto los designios de la carne son enemistad contra Dios; porque no se sujetan a la ley de Dios, ni tampoco pueden" (Romanos 8:7). Pero aquí tenemos a un hombre que está deseando hacer lo correcto. Por un lado, está reconociendo la verdad de su propia pecaminosidad, y por el otro, reconociendo que realmente quiere hacer el bien. ¡Qué lucha! Está luchando por hacer lo correcto. ¿Les suena familiar a la mayoría de ustedes?

Oh, sí, está luchando por hacerlo. No hay manera de que estemos hablando de un hombre que no es espiritual. Está reconociendo su verdadera condición y el hecho de que, incluso como creyente —una persona espiritual y un verdadero creyente— hay una lucha que se desarrolla en su interior.

¿Cuál es la novedad? Nunca tuve una lucha hasta que me convertí en creyente. Solía gozarme en el pecado. ¡Ni siquiera sabía que era pecado! Solo pensaba que así era la vida. Pero cuando me convertí en creyente, ah ¡cuántas cosas cambiaron!

Hay una lucha en el interior de los creyentes espirituales. Tenemos que reconocerlo. Es importante que identifiquemos los dos lados de esta lucha que se desarrolla en la vida de un verdadero creyente.

Ahora es tiempo de concentrar nuestra atención estrechamente en el contexto de Romanos y permitir que Pablo mismo nos dé la comprensión correcta del capítulo 7, versículo 25, donde describe la lucha que está teniendo con la "ley de Dios" y la "ley del pecado".

Antes del versículo 25, veamos primero los versículos 21 al 23 del capítulo 7:

Así que, queriendo yo hacer el bien, hallo esta ley: que el mal está en mí. Porque según el hombre interior, me deleito en la ley de Dios; pero veo otra ley en mis miembros, que se rebela contra la ley de mi mente, y que me lleva cautivo a la ley del pecado que está en mis miembros.

Así que, por un lado, tenemos la ley de la mente: la ley de Dios en el hombre interior. Y por el otro lado, la ley del pecado en los miembros del cuerpo.

Y ahora veamos el versículo 2 del capítulo 8, que viene después del capítulo 7:25: "Porque la ley del Espíritu de vida en Cristo Jesús me ha librado de la ley del pecado y de la muerte".

Por tanto, ahora podemos ver que Pablo está igualando la "ley del pecado" del capítulo 7, versículo 25, con "la ley del pecado que está en mis miembros" y la "ley del pecado y de la muerte".

¿Cuál es la descripción de Pablo de la "ley de Dios"? Es la "ley de Dios en el hombre interior", la "ley de mi mente" y la "ley del Espíritu de vida en Cristo Jesús".

Una vez que comprenda lo que Pablo realmente está diciendo aquí acerca de estas dos leyes enfrentadas, esto revolucionará su vida; ¡porque existe una lucha! Sí, ¡en verdad! De hecho, esta clase de lucha —me atrevo a sugerirlo— solo está presente en la experiencia de una persona verdaderamente espiritual, un individuo convertido, alguien que ha nacido de nuevo en el reino de Dios. Esta es la única categoría de persona sobre esta tierra que experimenta esta clase de lucha. Esta también es la razón por la que esta misma categoría de personas está en el más grave peligro de llegar a ser inestable. Porque si no resuelve esta lucha, puede permanecer como una casa dividida por el resto de su vida, y puede desestabilizarse usted mismo.

Me llevó años darme cuenta de que las personas llegan a ser inestables cuando están convencidas de algo, pero actúan en forma diferente. Esto produce confusión en la mente humana.

Pablo, ¿resuelve esta lucha aquí? Sí, ¡así es! Existe una lucha muy real que se desarrolla en la experiencia del verdadero creyente espiritual. Y es interesante notar cuál es esa lucha. Es una lucha entre la "ley de mi mente" y la "ley de los miembros de mi cuerpo". Es una lucha entre la "ley del Espíritu de vida en Cristo Jesús" (en mi mente) y "la ley del pecado y de la muerte" (en los miembros de mi cuerpo).

Ahora, Pablo está intentando enseñarnos algo muy poderoso aquí: que la lucha en la vida del creyente es una lucha entre la mente, que ahora es la mente de Cristo, y los miembros de nuestro cuerpo, que nos podrían llevar bajo la "ley del pecado y de la muerte".

En nuestro próximo y último capítulo, exploraremos más plenamente las enseñanzas de Pablo con respecto al hombre carnal; y al hombre espiritual.

Repaso del capítulo

1. ¿En qué parte de usted entra en contacto el Espíritu Santo? ¿Por qué?

2. ¿De qué manera la mente es como una universidad?

3. ¿De qué forma son santificadas las facultades de su mente?

4. ¿Cómo su corazón y su mente son llevados a estar en conformidad con la voluntad de Dios?

5. ¿Por qué una persona verdaderamente espiritual puede estar tentada a pensar que todavía es carnal?

6. ¿Qué no reconocerá nunca una persona carnal? ¿Qué deseará una persona espiritual? Ver Romanos 7:16-18.

7. Describa la lucha en la vida de alguien que ha nacido de nuevo en el reino de Dios. Ver Romanos 7:21-8:2.

8. ¿Qué puede suceder si esta lucha no es resuelta?

CAPÍTULO VEINTIDÓS

Lo viejo y lo nuevo

Incluso alguien que es espiritual encontrará que la carne continúa haciendo guerra contra el espíritu. Usted no debería esperar hasta llegar al punto en que nunca más sienta alguna inclinación hacia el pecado en su interior.

La realidad del hombre espiritual es que hay una lucha, porque por un lado, ahora es nacido del Espíritu, y en su mente tiene la ley del Espíritu de Cristo. Pero por otro lado, siente en los miembros de su cuerpo un impulso a pecar.

Así que, específicamente, ¿de qué busca liberarse? El deseo de hacer lo bueno está presente en él, pero el hacer lo bueno; bueno, puede no tener gran éxito en esa área. Tiene el deseo de hacer la voluntad de Dios que está en su interior, pero el hacerlo no está presente.

Vea cómo lo expresa Pablo en Romanos 7:24: "¡Miserable de mí! ¿quién me librará de este cuerpo de muerte?"

En otras palabras, puedo tener la mente de Cristo, y no obstante sentir el impulso a pecar en mi cuerpo. ¿Quién me librará del hecho de que me encuentro incapaz de hacer lo que el Espíritu me está impulsando a hacer?

Es tiempo de volver a leer Romanos 8:2: "Porque la ley del Espíritu de vida en Cristo Jesús me ha librado de la ley del pecado y de la muerte". Ahora, es interesante que Pablo antepone otro pensamiento a estas palabras. Porque en el versículo 1 también nos dice algo más: "Ahora, pues, ninguna condenación hay para los que están en Cristo Jesús".

La condenación, como lo aprendimos al comienzo de este libro, está relacionada con la muerte de Jesucristo. Fue nuestra condenación la que cayó sobre él y le causó la muerte. Esto es creer en la muerte de Jesús. Si es libre de condenación, ha pasado a creer en la muerte de Jesús.

De modo que ¡la vida y la muerte de Jesucristo ahora han llegado a ser el medio por el que se resuelve nuestra lucha! Porque mientras viva en el cuerpo, sentirá la permanente presencia del pecado en su interior. Pero la resolución de la lucha es comenzar a creer en la muerte de Jesús, ¡que inmediatamente le abre la puerta para recibir su vida en usted!

Esta lucha se resuelve por fe; fe en la muerte y la resurrección de Jesús. Si empieza a creer en la muerte de Jesús, aun cuando sienta el impulso a pecar en su interior, sabrá que no está condenado. Entonces, si se viste con la vida de Cristo —es decir *su* vida, ahora— ¿qué pasará verdaderamente?

CAMINAR EN EL ESPÍRITU

Usted ahora comenzará a caminar en el Espíritu. Y si camina en el Espíritu habitualmente, ¿qué sucederá? Tendrá la mente de Cristo. Las facultades de su mente serán santificadas.

Note ahora Romanos 8:13: "Porque si vivís conforme a la carne, moriréis; mas si por el Espíritu hacéis morir las obras de la carne, viviréis".

Y note también el tiempo verbal en este versículo. No dice que ya ha hecho (tiempo pasado) morir todas las obras de la carne. No, está en tiempo presente o continuo: "Si por el Espíritu hacéis morir las obras de la carne".

Déjenme introducir aquí Gálatas 5:16 al 18:

Digo, pues: Andad en el Espíritu, y no satisfagáis los deseos de la carne. Porque el deseo de la carne es contra el Espíritu, y el del Espíritu es contra la carne; y estos se oponen entre sí, para que no hagáis lo que quisiereis. Pero si sois guiados por el Espíritu, no estáis bajo la ley.

¡Qué declaración maravillosa! Es un resumen, en verdad, de lo que acabamos de leer en Romanos.

Muchas personas que conozco están fracasando en su caminar espiritual porque no desarrollan hábitos sistemáticos de caminar en el Espíritu. La única forma en que podemos oponer resistencia a caminar en la carne es tener diariamente la mente de Cristo; tener su mente renovada diariamente. Es una renovación diaria; en verdad, momento a momento. Usted puede necesitar renovar su mente constantemente a través del día, invitando a Cristo a que entre a su mente a través del Espíritu Santo, y así recibir la mente de Cristo. Porque *sentirá* el impulso de las cosas pecaminosas en su interior. Pero esta no es una señal de que usted es carnal. Porque si en verdad puede percibir estas cosas en su interior, ¡es una evidencia de que usted es espiritual!

Pero es vital que escoja desarrollar nuevos hábitos regulares. ¿Recuerda el hombre que mencione al comienzo del libro que cortó el cable de su televisor? Le dije:

—¿Por qué no desarrolla ahora el hábito de leer publicaciones edificantes?

De hecho, ha iniciado el hábito de leer. Escuché su testimonio otra vez recientemente, y solo pude alabar a Dios.

—He desarrollado un amor increíble por la lectura —dijo—. Había olvidado cómo leer. Solía sentarme frente al tubo. Ahora estoy leyendo, y lo estoy disfrutando.

De esta manera, este hombre no solo eliminó un mal hábito, sino que comenzó a llenar el vacío con algo positivo.

Considere su antiguo recorrido; su antiguo hábito. Entra en su casa, y el hábito lo asalta inmediatamente. Se sentaría en el sofá.

Su esposa le traería su cena en una bandeja. Levantaría sus pies y estaría allí por las siguientes cinco o seis horas.

Pero ahora, cuando entra en su hogar, el cable está cortado. Ahora, verdaderamente está haciendo cosas con su esposa en la casa. Y cuando tiene tiempo libre, toma un buen libro y se sienta a leer. Cuando llega a su casa estos días, el antiguo hábito ya no lo asalta. ¿Por qué no? Porque ahora ha desarrollado un hábito diferente durante un período considerable.

Cuando llega a su casa, este nuevo hábito lo asalta, y ahora está leyendo cosas que glorifican a Dios. Me dijo:

—Ni siquiera quiero mirar televisión.

—¡Aleluya! —respondí.

Este nuevo hábito lo ha tomado y alejado del antiguo. Sus facultades —especialmente la facultad de usar la vista y el oído— han sido santificadas. Ahora quiere leer, mirar y escuchar cosas que son elevadoras, santas y ennoblecedoras.

TAN SENCILLO QUE A VECES LO PASAMOS POR ALTO

Cuán sencillo es esto. Es tan simple, que muchos lo pasamos por alto. Nos desanimamos porque todavía sentimos el impulso a pecar en nuestro interior. Y decimos: "Todavía debo ser carnal. No está funcionando".

También fracasamos de una segunda forma. No somos constantes en establecer nuevos hábitos que glorifiquen a Dios en nuestra vida. Permitimos que los antiguos hábitos tomen su lugar. Y son provocados por cosas exteriores.

Quizá esté observando su propia vida y diga: "Ah, ahora puedo ver por qué pasé por todos esos momentos de desánimo. Puedo ver por qué incluso llegué a sentir que nunca sería victorioso. O por qué nunca usé la palabra *victoria* en toda mi vida. O por qué ni siquiera me di cuenta de la posibilidad de lo que podría llegar a ser en Cristo.

"Pero ahora estoy comprendiendo realmente al apóstol Pablo aquí, que está describiendo la realidad —la verdadera experiencia—

de las personas espirituales que sienten la atracción del pecado en su carne y, sin embargo, por fe, se aferran a la muerte de Jesús. Y son libres ahora de condenación y libres para adoptar la mente de Cristo cada día.

Una vez que la mente de Cristo está en nosotros, ahora caminamos según el Espíritu, y caminamos constantemente; hasta el punto en que desarrollamos hábitos en nuestra vida que llegan a ser nuestra forma natural de funcionamiento. Y las facultades de nuestra mente se están santificando. Si está adoptando la mente de Cristo diariamente, tendrá el mismo cuidado y preocupación por los demás. Pero será Cristo en usted quien se preocupe por el ministerio hacia los demás, y esto le dará a él libertad para llevar sus encuentros personales a una profundidad que sabe que es necesaria. No tendrá que preocuparse: "¿Debería avanzar hacia allí o hacia allá?" Usted sencillamente se centrará en adoptar la mente de Cristo, y dejar que él guíe el ministerio y lo desarrolle. Sabrá exactamente cuán lejos ir y hasta qué punto interceder, preocuparse y orar por las demás personas. Una vez que la mente de Cristo esté presente en usted cada día, llegará a ser perfectamente claro.

Hasta que comencé a adoptar la mente de Cristo, nunca tuve claridad en mi mente con respecto a muchos de los asuntos del ministerio. Pero una vez que comencé a adoptar la mente de Cristo y a abrirle el acceso cada día de par en par, pude ver inmediatamente qué hacer y cuán lejos ir, cuándo interceder, cuándo orar y cuándo no; incluso en oportunidades no oré cuando las personas me rogaban que ore. Pero Dios me dijo: "Ahora, no te confíes mucho en esto. Recuerda: no eres tú; soy yo *en* ti. Es mi entendimiento el que recibes."

Al terminar este libro, me gustaría finalizar con una oración:

"Padre nuestro que estás en los cielos, muchas gracias por estar con nosotros a medida que transitamos juntos por estas páginas. Gracias por las increíbles imágenes que hemos obtenido de ti; y por el gozo que podemos tener en Jesucristo.

"En este mismo momento reclamamos por fe ser cubiertos por

su sangre derramada, sabiendo que al mirar la cruz, podemos creer que nosotros mismos somos libres de condenación. Padre, gracias también por habernos dado cuenta de que en la vida espiritual de una persona existe una lucha continua a medida que la carne intenta manifestarse contra el Espíritu. Pero sabemos que, con Pablo, podemos afirmar esta misma victoria: 'Gracias sean dadas a Dios –dijo–. Ahora, pues, ninguna condenación hay para los que están en Cristo Jesús, porque la ley del Espíritu de vida en Cristo Jesús me ha librado de la ley del pecado y de la muerte'.

"Y cerramos estas páginas hoy sabiendo que, ahora, tenemos la mente de Cristo. Danos la gracia, Padre, para instaurar hábitos en nuestra vida que te traerán gloria, para que nuestras facultades puedan ser santificadas. Y cuando vengas, seremos como tú, porque tendremos tu mente.

"Gracias por anticipado, Padre, por todas estas bendiciones. En el precioso nombre de Jesús, Amén".

Repaso del capítulo

1. ¿Cuándo llegará al punto en que no sienta ningún impulso ni inclinación a pecar?

2. ¿Por qué no existe condenación para los que están en Cristo Jesús?

3. ¿Cómo es la lucha de tener la mente de Cristo pero encontrarse uno mismo incapaz de hacer lo que el Espíritu me pide que resuelva?

4. ¿Cómo puede resistir caminar en la carne?

5. ¿De qué manera aferrarse a la muerte de Jesús lo hace libre?

Pregunta para reflexionar

¿Cómo es su fe? ¿Tiene una renovada esperanza de experimentar la victoria después de haber leído este libro?

Apéndice

"Conversión auténtica", de Elena de White, Review and Herald, 7 de julio de 1904

A fin de ser salvos, debemos conocer por experiencia el significado de la verdadera conversión. Es un grave error que los hombres y las mujeres continúen, día tras día, profesando ser cristianos, aunque no tengan derecho al nombre. A la vista de Dios, la profesión no es nada, la posición no es nada. Él pregunta: ¿la vida está en armonía con mis preceptos?

Hay muchos que creen estar convertidos, pero no son capaces de soportar la prueba de carácter presentada en la Palabra de Dios. Será triste el día cuando cada hombre sea recompensado según sus obras para quienes no pueden soportar esta prueba.

La conversión es un cambio de corazón, un vuelco de la

Para información adicional acerca de Elena de White y sus escritos, consulte el sitio: **www.centrowhite.uapar.edu** –o– **www.campus.um.edu.mx/cwhite/Default.aspx** –o– **www. whiteestate.org** injusticia a la justicia. Al confiar en los méritos de Cristo, al ejercer verdadera fe en él, el pecador arrepentido recibe perdón por el pecado. Cuando cesa de hacer el mal, y aprende a hacer lo bueno, crece en la gracia y el conocimiento de Dios. Ve que para seguir a Jesús debe apartarse del mundo y, después de considerar el costo, considera todo como pérdida si tan sólo puede ganar a Cristo. Se enlista en su ejército, y con valor y alegría entabla la guerra, y pelea contra las inclinaciones naturales y los deseos egoístas, y sujeta su voluntad a la voluntad de Cristo. Diariamente busca al Señor en procura de gracia, y es fortalecido y ayudado. El yo una vez reinaba en su corazón, y el placer mundanal era su delicia. Ahora el yo es destronado, y Dios reina supremo. Su vida refleja el fruto de la justificación. Los pecados que una vez amaba ahora los odia. Con firmeza y resolución sigue el sendero de la santidad. Esto es conversión auténtica.

En la vida de muchos cuyos nombres están en los libros de iglesia no ha habido un cambio genuino. La verdad ha sido dejada afuera. No ha habido conversión auténtica, y en el corazón no se ha realizado ninguna obra positiva de la gracia. Su deseo de hacer la voluntad de Dios se basa en su propia inclinación, no en una profunda convicción del Espíritu Santo. Su conducta no está en armonía con la ley de Dios. Profesan aceptar a Cristo como su Salvador, pero no creen que les dará poder para vencer sus pecados. No conocen personalmente al Salvador viviente, y sus caracteres revelan muchas manchas.

Muchos que se miran en el espejo divino, y están convencidos de que su vida no es lo que debería ser, fracasan en realizar el cambio necesario. Siguen su camino, y se olvidan de sus defectos. Pueden profesar ser seguidores de Cristo, pero ¿de qué les sirve si su carácter no ha experimentado ningún cambio, si el Espíritu Santo no ha trabajado en sus corazones? La obra realizada ha sido superficial. El yo es retenido en sus vidas. No son participantes de la naturaleza divina. Quizá hablen de Dios y le oren a Dios, pero sus vidas revelan que obran contra Dios.

No nos olvidemos que en su conversión y santificación, el

hombre coopera con Dios. "ocupaos en vuestra salvación con temor y temblor", declara la Palabra; "porque Dios es el que obra en vosotros, tanto el querer como el hacer, por su buena voluntad". El hombre no puede transformarse a sí mismo por el ejercicio de su voluntad. No posee poder para que pueda efectuarse este cambio. La energía renovadora debe provenir de Dios. El cambio puede hacerse sólo por medio del Espíritu Santo. El que sea salvo, alto o bajo, rico o pobre, debe someterse a la obra de este poder.

Como la levadura, cuando se mezcla con la harina, trabaja de adentro hacia afuera, así también por la renovación del corazón es que la gracia de Dios obra para transformar la vida. Ningún cambio externo es suficiente para ponernos en armonía con Dios. Hay muchos que tratan de reformarse corrigiendo este o aquel hábito malo, y esperan de este modo llegar a ser cristianos, pero están comenzando en el lugar equivocado. Nuestra primera obra está en el corazón.

La gran verdad de la conversión del corazón por medio del Espíritu Santo se presenta en las palabras de Cristo a Nicodemo: "De cierto, de cierto te digo, que el que no naciere de nuevo, no puede ver el reino de Dios... Lo que es nacido de la carne, carne es; y lo que es nacido del Espíritu, espíritu es. No te maravilles de que te dije: Os es necesario nacer de nuevo. El viento sopla de donde quiere, y oyes su sonido; mas ni sabes de dónde viene, ni a dónde va; así es todo aquel que es nacido del Espíritu".

La levadura de la verdad obra secreta, silenciosa y continuamente para transformar el alma. Las inclinaciones naturales son suavizadas y subyugadas. Son implantados nuevos pensamientos, nuevos sentimientos y nuevos motivos. Se establece una nueva norma de carácter: la vida de Cristo. La mente se cambia; las facultades se despiertan para actuar en nuevas líneas. El hombre no es dotado con nuevas facultades sino que las facultades son santificadas. La conciencia se despierta.

Las Escrituras son el gran instrumento en esta transformación del carácter. Cristo oró. "Santifícalos en tu verdad; tu palabra es verdad". Si es estudiada y obedecida, la Palabra de Dios actúa en el corazón subyugando todo atributo no santificado. El Espíritu Santo acude para convencer de pecado, y la fe que surge en el corazón obra por el amor a Cristo conformándonos, cuerpo, alma y espíritu, a su voluntad.

Un hombre ve el peligro. Ve que necesita un cambio de carácter, un cambio de corazón. Es conmovido; se despierta. El Espíritu de Dios está obrando en él, y con temor y temblor actúa por sí mismo, buscando descubrir sus defectos de carácter, y ver lo que puede hacer para generar el cambio necesario en su vida. Su corazón se humilla. Por medio de la confesión y el arrepentimiento, muestra la sinceridad de su deseo de reformarse. Confiesa sus pecados a Dios, y si ha herido a alguien, le confiesa la ofensa a la persona lastimada. A medida que Dios obra, el pecador, bajo la influencia del Espíritu Santo, entiende lo que Dios está haciendo en su mente y en su corazón. Actúa en armonía con las obras del Espíritu, y su conversión es auténtica.

La nobleza y la dignidad del hombre aumentan cuando se asume una posición contra el astuto enemigo, que por muchos años lo ha mantenido en esclavitud. Siente una santa indignación que le sale del interior al pensar que por tanto tiempo ha sido un esclavo encadenado de Satanás, al permitirle al enemigo que lo lleve a negarse a reconocer a su mejor amigo.

Que el pecador coopere con su Redentor para conseguir su libertad. Que se convenza de que hay agencias celestiales ocultas que trabajan en su favor. Queridas almas que dudan y están desanimadas: oren por el coraje y la fortaleza que Cristo espera darles. Él ha estado buscándolas. Anhela hacer que sientan la necesidad de su ayuda. Extenderá su mano para asir la mano que se eleva en busca de auxilio. Declara: "Al que a mí viene, no le echo afuera". Que la mente y el corazón se enlisten en la guerra contra el pecado. Que su corazón se suavice al pensar en todo el tiempo que han escogido servir a su enemigo más implacable, mientras le daban la espalda a quien dio su vida por ustedes, que los ama, y los aceptará como suyos, aunque sean pecadores. Apresúrense a salir de debajo de la bandera rebelde, y colóquense bajo el estandarte manchado de sangre del Príncipe Emanuel.

Quien quiera forjar un carácter fuerte y simétrico, debe darle todo a Cristo y hacer todo por él. El Redentor no aceptará un servicio dividido. Diariamente debe aprender el significado de la entrega propia. Debe estudiar la Palabra de Dios, captar su significado y obedecer sus preceptos, de modo que pueda alcanzar el mayor nivel de excelencia cristiana. No existen límites para el ascenso espiritual que pueda hacer si es partícipe de la naturaleza divina. Día a día Dios obra en él, y perfecciona el carácter que ha de ponerse de pie el día de la prueba final. Cada día de su vida ministra a los demás. La luz que está en él reluce, y apacigua los conflictos de las lenguas. Día a día desarrolla delante de hombres y ángeles un vasto y sublime experimento, y muestra lo que puede hacer el evangelio por los seres humanos caídos.

No nos apiademos de nosotros mismos, sino llevemos en serio la obra de reforma que debe hacerse en nuestra vida. Crucifiquemos el yo. Los hábitos impuros clamarán por el dominio, pero en el nombre y a través del poder de Jesús podemos lograr la victoria. Para quien diariamente busca guardar su corazón con toda diligencia, se da la promesa: "Ni la muerte, ni la vida, ni ángeles, ni principados, ni potestades, ni lo presente, ni lo por venir, ni lo alto, ni lo profundo, ni ninguna otra cosa creada nos podrá separar del amor de Dios, que es en Cristo Jesús Señor nuestro".

"Así ha dicho Jehová, Redentor de Israel, el Santo suyo, al menospreciado de alma, al abominado de las naciones... Verán reyes, y se levantarán príncipes, y adorarán por Jehová; porque fiel es el Santo de Israel, el cual te escogió" Dios mismo es "el que justifica al que es de la fe de Jesús". Y "a los que justificó, a éstos también glorificó". Por más grande que sean la vergüenza y la degradación causadas por el pecado, mayor aún será el honor y la exaltación por medio del amor redentor. Para los seres humanos que luchan por conformarse a la imagen divina, se confiere un desembolso del tesoro celestial, una excelencia de poder que los colocará incluso más arriba que los ángeles que nunca han caído.

Tres pasos para la victoria por medio del Santuario

1) *Justificación en el atrio.* Si bien él mismo fue sin pecado, Jesús se hizo pecado por nosotros, sufriendo y muriendo la muerte que todos merecemos; por lo que nuestro Padre Dios nos *justificó*, declarándonos santos (justos) cuando éramos débiles, impíos, pecadores. Regocijándonos en este maravilloso don gratuito de la gracia de Dios, la aceptamos gustosamente y alabamos a Dios diariamente por todo lo que ha realizado *por nosotros* en la cruz (2 Corintios 5:21; Romanos 6:23, Romanos 5:6, 8-10).

2) *Santificación en el Lugar Santo.* Al confesar diariamente que Jesús es el Mesías, el Hijo del Dios viviente, nos vestimos con la mente de Cristo −recibiendo sus pensamientos, sus sentimientos y sus motivos− y le permitimos que nos *santifique* al vencer nuestros pecados y defectos de carácter, a medida que habita en nosotros. Somos hechos santos (justos) por la vida victoriosa de Jesús a medida que recibimos a Cristo *en nosotros* por medio del Espíritu Santo (1 Juan 4:15; Filipenses 2:5; Efesios 4:20-24; Colosenses 3:12-14; Efesios 3:16, 17).

3) *Glorificación de Dios en el Lugar Santísimo.* El carácter de Dios es vindicado a medida que obra *a través de nosotros* para ministrar y bendecir a otros. Llegamos a ser instrumentos de justicia cuando él entierra nuestros pecados y nosotros −su completo y unido cuerpo espiritual− lo *glorificamos* al reflejar su imagen. Cuando su carácter sea completamente desarrollado en sus hijos, el derramamiento de la Lluvia Tardía iluminará todo el mundo con la gloria de Dios. ¡Qué revelación será esta! (Romanos 6:13; Hechos 3:19; 1 Pedro 2:9; Efesios 3:10; Apocalipsis 18:1).

"Cristo en vosotros, la esperanza de gloria"

Colosenses 1:27